Tooor! Toor! Tor!

VON ARTHUR HEINRICH

Rotbuch Taschenbuch 94

Für Horst Schmidt
mit besten Wünschen

13.6.1994 A. Heinrich.

Zu diesem Buch: »Fußball«, sagte Sepp Herberger, »ist Fußball«. Und irrte doch. Manchmal ist Fußball nämlich mehr als Fußball – Zeitgeschichte zum Beispiel. Das zeigen Arthur Heinrichs Recherchen auf ebenso kenntnisreiche wie amüsante Art. Er ist dem historischen Umbruch nachgegangen, wie ihn ein völlig unerwarteter Sieg der deutschen Nationalelf über das haushoch favorisierte Ungarn am 4. Juli 1954 im Selbstbild der noch jungen Bundesrepublik ausgelöst hat. Das Spiel im Berner Stadion geriet zu einem nationalen Ereignis, in dem sich düstere Vergangenheiten und neue Gegenwarten kristallisierten. Vierzig Jahre nach dem 3:2 nutzt Arthur Heinrich den fußballerischen Triumph als zeitgeschichtliche Lupe, unter der sich die widersprüchlichen Mentalitäten der geteilten Nation präzise studieren lassen.

Tooor! Toor! Tor!

40 Jahre 3:2

VON

ARTHUR HEINRICH

Rotbuch Verlag

Umschlaggestaltung von
Michaela Booth
unter Verwendung eines Fotos
der Agentur Sven Simon
Gesamtherstellung von
der Druckerei Wagner,
Nördlingen
Printed in Germany.

ISBN 3 88022 344 0

Inhalt

*»Freilich entsteht die ... Gefahr,
daß die Zeitgeschichte allzusehr
als Fußballgeschichte erlebt wird!«*

Wenzel Jaksch MdB*

Warmlaufen

»Das Spiel aller Deutschen«

4. JULI 1954: EIN VOLK AUF BALLHÖHE

Neu ist alt: »Es gab Augenblicke rauschhaften, unbedingten Einverständnisses der Deutschen – in der Revolution von 1848, im August 1914, nach dem Münchner Abkommen 1938, aber sie sind historisch folgenlos geblieben.«[1] So eine ganz frühe Klage über (west-)deutsche Geschichtsvergessenheit und entsprechende Nebenwirkungen. Derlei Jeremiaden über die Ersetzung des Geschichtsbewußtseins durch Vergangenheitsbewältigung sind im Vereinigungsdeutschland der 90er Jahre normal geworden. Rückrufe in die Geschichte, Appelle zum nationalpatriotischen Schulterschluß: alles Standardsituationen. Und allenthalben wird zum besten gegeben, daß die Kondition nur stimme, wenn die Nation »bei sich« sei.

Bei diesem Leistungsprofil sieht die Bundesrepublik der westdeutschen Periode alt aus. Den Anforderungen der neuen Systemkritiker nach symbolischer Verdichtung deutscher Präsenz genügt allenfalls der 9. November 1989. Mehr, so der Mainstream, gibt es nicht.

Gibt es doch! Und im direkten Vergleich wird jener Novemberabend (»Deutschland, nun freue dich«) locker auf den zweiten Platz verwiesen. Wer wollte ernsthaft behaupten, über das ganze geteilte deutsche Land sei ein »Gefühlstaifun« hinweggefegt? Und selbst wenn: Wer freut sich ein halbes Jahrzehnt später völlig vorbehaltlos des Datums? Gefühlstaifun plus Freude ohne Reue aber bietet – der 4. Juli 1954.

»Tooooor!!! Toooor!! Tooor! Toor! Toor für Deutschland!« Der Schrei des Reporters Herbert Zimmermann markiert den berühmtesten Tag der deutschen Nachkriegsgeschichte. In der 84. Minute des Fußballweltmeisterschaftsendspiels zwischen Deutschland (West) und

Ungarn im Berner Wankdorfstadion schießt Helmut »Boss« Rahn das 3:2. Anschließend drückt eine Nation Daumen, während der Reporter vergeblich den Sekundenzeiger der Stadionuhr zu beschwören versucht: »Geh doch schneller, geh doch schneller; aber er tut es nicht, er geht mit der Präzision, die ihm vorgeschrieben ist.« Und dann nach unendlich langen sechs Minuten Zimmermanns Schluß: »Die 45. Minute ist vollendet. Es kann nur noch ein Nachspielen von einer Minute sein. Deutschland führt 3:2 im Endspiel der Fußballweltmeisterschaft. Aber es droht Gefahr, die Ungarn auf dem rechten Flügel. Jetzt hat Fritz Walter den Ball über die Außenlinie ins Aus geschlagen. Wer will ihm das verdenken. Die Ungarn erhalten einen Einwurf zugesprochen, der ist ausgeführt, kommt zu Bozsik – Aus! Aus! Aus! Aus! Das Spiel ist aus! Deutschland ist Weltmeister!«

Die Heimat, der der Fußball längst zur »nationalen Angelegenheit« (*Westdeutsche Allgemeine*) geworden war, geriet ob des Schlußpfiffs in Bern in kollektive Verzückung – im Westen unbegrenzt, im Osten den Umständen entsprechend, unterm Strich jedenfalls so sehr, daß die *Süddeutsche Zeitung* für Maßhalten plädierte – mit Blick auf Größeres und Sinn für die angemessene Reihenfolge: »Welche Art von Begeisterung haben wir denn noch auf Lager, wenn etwa die Einigung Deutschlands kommt oder der Weltfriede oder etwas dergleichen?«

Ein Volk auf Ballhöhe. »Brasilianische Wallungen« machte *Bild* in Deutschland aus, »die la-ola-Welle« hatte Vorläufer in den Fernsehzimmern der Gaststätten, und zusammengenommen ging die Teilnehmerzahl weit über das übliche Personal von Fankurve plus Haupttribüne hinaus. *Der Spiegel* brachte das 54er Volksbefinden auf den Punkt: »Vor aller Welt gaben sie sich, als hätten sie nun, nach zwanzighundertjährigem geschichtlichen Irrweg den alleinigen verheißungsvollen Sinn und die wahre Bestimmung ihrer nationalen Existenz entdeckt ... Niemals zuvor in Europa aber schäumten die kollektiven Gefühle der Deutschen so ausschließlich für nichts als ihre Fußballmannschaft.«

Westlich der Elbe begannen Festwochen, orientiert an den Rück- und Rundreisedaten der erfolgreichen Mannschaft und ihres Trainers Sepp »Chef« Herberger. Die Bahnfahrt der Weltmeisterelf vom Schweizer Quartier in Spiez nach München, Empfänge durch die Politprominenz in Berlin und Bonn, die Rückkehr der Kaiserslauterer Fünf in die Pfalz – diese Ereignisse brachten Hunderttausende auf die Beine. Alles nur ein wirklichkeitsentrückter Ausnahmezustand ohne weitere Bedeutung?

»Große deutsche Siege« (in Reims hatte Mercedes am 4. Juli den Grand Prix gewonnen) titelte *Die Zeit* und versuchte, dem Stellenwert des 3:2 näher zu kommen: »Der Sieg in der Weltmeisterschaft dürfte nicht nur der größte Erfolg des deutschen Sports nach dem Kriege, sondern überhaupt wohl sein. Fußball ist nun einmal *der* Sport und *das* Spiel der Massen, am letzten Sonntag war es das Spiel *aller* Deutschen, denn auch die, die sonst damit nichts zu tun haben wollen, wurden diesmal gepackt und mitgerissen. Das Berner Treffen sprengte den Rahmen.«

Weder handelte es sich beim Finale von Bern um ein Fußballmatch wie jedes andere, noch entsprach das Ergebnis den Erwartungen; und noch viel weniger durften die Reaktionen als normal gelten. Das alles war kaum zu übersehen und wurde dennoch landauf landab dementiert. Daß es schließlich »nur ein Spiel« sei, hatte Endspielreporter Zimmermann gleich mehrfach, mit dem Anpfiff, nach dem zwischenzeitlichen 2:0 für Ungarn und nach einer dem Abpfiff folgenden 30-Sekunden-Besinnungspause, bekanntgegeben. Der damit angeschlagene Ton wurde fortan von überallher zurückgeworfen. Die heranwachsende vierte Gewalt fühlte sich nach dem kollektiven Ausbruch alsbald in die Pflicht genommen; es galt, zur allgemeinen Abkühlung beizutragen. »Wohlan: Feiert unsere Spieler, sie haben ihrem Land die besten Dienste erwiesen. Aber noch im Jubelrausch rufen wir allen zu: Laßt uns wieder nüchtern werden! Das Spiel ist aus, es war ja nur ein Spiel. Das Leben geht weiter ...«, mahnte die *Süddeutsche Zeitung*.

Natürlich war es viel mehr als ein Spiel, nur zugeben mochte das kaum einer. Auch den weiten Einwurf von Dolf Sternberger wollten die Zeitgenossen nicht annehmen. Der hatte nämlich zu bedenken gegeben, daß Politik »in einem gewissen Sinne von allem Anfang an schon in solch einem sportlichen Ereignis enthalten oder doch angelegt« sei. »Man braucht die Politik nicht erst hineinzubringen und hineinzumischen, sie ist immer schon darin, insofern eben Nationen politische Körper sind.« [2]

Es half alles nichts. Im Nachkriegsdeutschland mußte der Fußball sauber bleiben, deshalb die strenge Kontaktsperre zur Politik. »Wir sind in die Schweiz ohne politische Hintergedanken gefahren«, bekundete stellvertretend *Die Welt*. Es waren immer die anderen, die dem Sport Politisches beimischten und ihn damit in deutschen Augen ungenießbar machten. Etwa »die dünne Schicht, die drüben in der Sowjetzone regiert« (*Rheinische Post*) und ständig der Versuchung erlag, Sport und Politik zu vermengen. Oder die Ungarn: »Elf Fußballspieler sind dort nicht elf Fußballspieler, sondern Menschen, die mit dem Fußball ihre überlegene politische Lebensordnung demonstrieren.« (*Die Welt*) Oder auch die Österreicher, bei denen laut *Frankfurter Allgemeine* die deftige Halbfinalniederlage gegen die deutsche Elf eine weit tiefere Niedergeschlagenheit hervorrief als das gescheiterte Staatsvertragsverhandlungen jemals vermocht hätten. Denn da war ein nationalcharakterlicher Defekt am Werke: »Der sonst keineswegs nationalistische Österreicher wird nämlich zum ärgsten Chauvinisten, wenn es um den Fußballsport geht.«

Mit dem eher depressiv daherkommenden österreichischen Chauvinismus konnten die Deutschen leben. Störender waren da die »antideutschen« Angriffe nach dem Spielschluß in Bern. »Bis zum nackten Haß« führte laut *Bild* die ausländerseits gewollte Verwechslung von Fußballschuhen mit Wehrmachtstiefeln. Und dem durfte nicht noch Vorschub geleistet werden, weshalb man auf strikter Trennung von Leibesübungen und Politik bestand.

Funktionieren konnte die mediale Polit-Camouflage, weil sie das deutsche Lebensgefühl im Wiederaufbau traf. Von Politik wollte ein erklecklicher Teil der Bevölkerung nichts mehr wissen. Wohin dies führte, gibt ein der *Süddeutschen Zeitung* per Leserbrief übermittelter Nach-Endspieldialog wieder: »Treffe ich da gestern einen Bekannten auf der Straße. ›Na‹, schreit er mir schon von weitem zu, ›wie fühlst du dich als neuer Weltmeister?!‹ Ich sage, ich fühle mich in keiner Weise als Weltmeister; ich hätte so meine Sorgen. ›Ach‹, schwärmt er weiter, ›das spielt doch alles keine Rolle, Hauptsache, wir haben gewonnen!‹ – ›Entschuldige‹, sage ich, ›ich habe gar nichts gewonnen, nicht einmal im Toto.‹ Er starrt mich entgeistert an. ›Mensch‹, stöhnt er, ›Mensch, hast du denn gar kein nationales Empfinden!‹ – ›Doch, aber das macht mich eher melancholisch. Ich verstehe nicht, was ein noch so schöner Fußballsieg mit unserer nationalen Situation zu tun hat.‹ Verärgert schneidet mein Bekannter die Unterhaltung ab: ›Ach, du mit deiner ewigen Politik ...‹«

So wurde der 54er Weltmeistertitel lange Zeit unter Wert gehandelt – ein besonderes fußballerisches Ereignis, nicht weniger, vor allem aber nicht mehr. Bis die 68er kamen. Die waren bekanntermaßen unwiderstehlich und brachten mit ideologiekritischer Offensivkraft die Tabus des CDU-Staates gleich reihenweise zu Fall. Auch die künstliche Trennung von Sport und Politik konnte ihrem Ansturm nicht standhalten. Daß das eine mit dem anderen nichts zu tun haben konnte und sollte, wollte von nun an kein Mensch mehr glauben. Und folglich wurden erste Versuche unternommen, den Sieg von Bern in einen größeren Rahmen zu stellen. Die prägnanteste Fassung: »Ja, wie war das denn

1954?! Zum ersten Mal wieder so richtig am Ball, kurz gedribbelt am rechten Flügel, Helmut Rahn, Flachschuß ins linke Eck – und – Weltmeister! Wir. Da waren wir natürlich wieder wer.« [3]

Die Wiedergabe des alles entscheidenden Moments zeugt von einem ebenso zielgerichteten wie lockeren Umgang mit der spielentscheidenden Wahrheit, die paßgenau zurechtkommentiert wird. Richtig war und ist: »Der Weg nach rechts ist versperrt [!] ... Ein leichter Tick: das runde Leder rollt nach links [!]« [4] – der Rest ist bekannt. Und dabei ist nicht einmal erwähnt, daß der beidfüßig schießende Helmut Rahn das 3:2 mit links erzielte. Doch das schmälert nicht das historische Verdienst, den Zusammenhang zwischen Fußball und wirklichem Leben hergestellt zu haben. Das bleibt. Auch wenn die in dieser Tradition entstandene erste und einzige Gesamtdarstellung zur »nahtlosen Übereinstimmung von Fußball und Politik« in einem ihrer wenigen schwachen Momente voreilig das Ende ballverliebter Zeitgeschichtsschreibung verkündet – »Aus! Aus! Aus! Einmal muß Schluß sein!« [5]

Die nicht nur auf Ball und Ergebnis starrenden Fachkundler, die nun Rederecht erhielten, kamen mit Blick auf 54 zu einem erstaunlich einheitlichen Spielbericht. Gesehen hatten sie in der Regel ein Spiel auf ein Tor – der Ball rollte stets nur dahin: der Sieg von Bern als Katharsis, die fußballerische Selbstbefreiung aus der Umklammerung von zwölf deutschen Jahren, »jenen fußballosen Tagen« (*Bild*); die Weltmeisterschaftsfolgen in der Tradition deutscher Hybris; Fußball als Fortsetzung deutschen Heldentums mit anderen Mitteln ... – mit jedem Angriff der Weiß-Schwarzen gewann ein neuer deutscher Nationalismus an Kontur.

Nun ließ sich an den Grundlegungen des deutschen Weststaates bis weit in die 80er Jahre hinein leichteren Herzens herummäkeln als unter den neuen Einheitsbedingungen. Zu sicher stand die Abwehr, als daß Revisionsversuche am Modell Bundesrepublik mehr als eine minimale Außenseiterchance gehabt hätten. Inzwischen ist das anders. Das neue Deutschland scheint schneller auf den Füßen zu sein und hat die kurzatmige alte Bundesrepublik abseits gestellt. Doch so bedenklich die laufende Umrüstung der Bonner zur Berliner Republik ist – sie begünstigt möglicherweise die Objektivierung des Bildes von Bern und den Folgen. Was bislang verkannt wurde: Das 3:2 zählt zu den besseren Beständen der Bundesrepublik. Das Weltmeisterschaftsfinale war mit Blick auf die Republikgeschichte kein Rückspiel für Niederlagen anderen Kalibers, sondern viel eher ein Auftaktmatch. Wenn *wir* nach dem 4. Juli 1954 *wieder wer waren*, so glich das kaum jenen vorausgegangenen Momenten, in denen sich Deutsche schon mal als wer fühlten. Wir sind wieder wer, aber ganz anders – so lautete das Resultat aus Bern.

Daß Herberger Adenauer und Adenauer Herberger war, gehört inzwischen zum Repertoire fußballhistorischer Halbbildung. Weil aber mit Ausnahme des Erstkanzler-Hagiographen Schwarz kaum jemand mehr zu sagen weiß, wer und wie Adenauer eigentlich war – wäre es da nicht an der Zeit, das Herberger-Bild und damit das 3:2 neu zu besichtigen? Das allerdings führt an die Fundamente der Republik.

Ende der 50er Jahre schlug Erich Kuby vor, den Bundesadler durch ein Schnittmodell des Karmann Ghia zu ersetzen, da dieses Auto ein vollkommenes Symbol der Bonner Republik sei: »Was man ... nicht von außen sieht, Motor und Fahrgestell, ist in der Ära Hitler mit deutscher Tüchtigkeit geschaffen worden: der robuste, zuverlässige, soziale fahrbare Untersatz, made in Germany, für den kleinen Mann aller Länder. Was man sieht, die Karosserie, ist von einem Italiener: die elegante, bequeme, formschöne Blechhülle für den deutschen Erfolgsbürger. Die Kombination von beidem ist ein ganz neuer Wagen geworden.«[6] Da er recht hatte, wurde nichts draus.

Der Adler wäre nicht nötig gewesen. Ebenso hätte sich das leidige Ringen um einen Republikfeiertag frühzeitig und mit Würde beenden lassen. 1951 wurde der Wahl des ersten Bundespräsidenten gedacht; die Schulen blieben geschlossen, aber eine allgemeine Arbeitsruhe war dem Wirtschaftswunder unzuträglich. Gleiches galt 1952, nur daß inzwischen mit dem Anlaß auch der Tag gewechselt hatte: am 7. September feierte man nun in Bundeshaus und Landesparlamenten die Konstituierung des ersten Bundestages. 1953 ging man auf den 12. September zurück, weil am 6. des Monats Bundestagswahlen stattfanden. Gedacht wurde an den Schulen, die folglich besucht werden mußten. Ein politischer Festakt? Fehlanzeige. Die aus der Villa Hammerschmidt dringenden Zweifel erwiesen sich als richtig: »Wir wissen heute nicht«, so Theodor Heuss, »ob der 7. September mit dem Bewußtsein des deutschen Volkes sich vermählt, daß es zu einer Selbstverständlichkeit wird, ihn mit Dankbarkeit zu begehen. Es fehlt ihm der dramatische Geschichtsakzent ...« Ab 1954 stand der 4. Juli bereit und hätte ein Signal gegen die Ambivalenzen des »Transitoriums« Bundesrepublik (derselbe) sein können. Aber nein. Von 1955 an gedachte man am 17. Juni des zwei Jahre zurückliegenden Aufstands in der Zone. Dabei war der Berner Endspieltag diesem wie jedem anderen Konkurrenzdatum deutlich überlegen. Dramatik enthielt das Endspiel von Bern reichlich, parteipolitische Richtungskämpfe waren nicht zu erwarten, das Wahlvolk hätte auch ohne aufwendige Überzeugungsarbeit freudig zugestimmt; die Verbundenheit mit der amerikanischen Schutz- und Besatzungsmacht, die – welche Gelegenheit! – am gleichen Tag anderes feiert, wäre gestärkt worden und der Fingerzeig, als geläuterte Deutsche in Zukunft nur nach zivilen Welterfolgen zu streben, hätte die notorisch mißtrauische Umwelt beschämt. Ja, selbst im Sinne des Alleinvertretungsanspruchs und somit zur Einbindung des Bodensatzes von Unbelehrbaren hätte der 4. Juli einiges hergemacht.

Daß die Politik nicht zugriff und das Datum adelte, konnte die Bedeutung des Ereignisses nicht schmälern. Die *Helden von Bern* haben sich um die Versöhnung zwischen Bevölkerung und Weststaat verdient gemacht, der als Republik der Sieger verpönt war oder schlichtweg ignoriert wurde. Jedenfalls war die Identifikation der Westdeutschen mit ihrer Republik anfangs ausgesprochen bescheiden: 1954 wollte ein Drittel der Bundesbürger König oder Kaiser wiederhaben, ein Jahr später erfreute sich das Bonner Grundgesetz einer Zustimmungsquote von gerade 30 Prozent. Und mit einigem Recht wurde noch in den 60ern bezweifelt, daß es einer Mehrheit gelungen wäre, »sich in unserer demokratischen Gesellschaft mit mehr als ihrem Wirtschaftssystem zu identifizieren«.[7]

Einen Gutteil ihrer Geschichte verstand sich die Bundesrepublik als Provisorium. Unter solchen Umständen kann nicht verwundern, daß sie gleich zwei Geburtsdaten hat, von denen keines das eingetragene ist. Da gibt es einmal die Währungsreform vom Juni 1948, die vorweggenommene Konstituierung des Weststaates. Und da ist der Fußballweltmeistertitel von 1954. Der 4. Juli ist das Symbol eines gesamtgesellschaftlichen Aufbruchs, der natürlich nicht erst im WM-Jahr begonnen hatte. Aber jener Endspielsonntag der Weltmeisterschaft bot zum ersten Mal die Gelegenheit, sich des seit Kriegsende und Grundgesetzlegung erwirtschafteten Erfolgs gemeinschaftlich zu vergewissern. Mit der Weltmeisterschaft feierte man eine Art Zäsur, den Abschluß einer Wiederaufbauphase. Die Fußballer versinnbildlichten dies – auf allerhöchstem Niveau. Daher die kollektive Erleichterung und mehr. Ein auch angenommener Tag der Befreiung. »Wir danken euch, wir danken euch!« schallte es den Kickern in der Heimat entgegen.

Das 3:2 von Bern war der Einstieg in eine »neue Wirklichkeit«.[8] Anlaß genug, zum Vierzigsten genauer hinzusehen – zumal sich schon wieder neue Wirklichkeiten formieren.

Anpfiff

»Gute Jungens, Volk, wie das Volk«

DIE MANNSCHAFT DER STUNDE

Ein deutscher Alptraum 1954f.: Fritz Walter, Held von Bern, der Chef auf dem Spielfeld, der »Große Fritz« (*Bild*), »diese Verkörperung einer neuen Spielidee« (*Der Spiegel*), der »Fußball-Genius« (*Der Tagesspiegel*) erhält Auslandsangebote. Der volksbekannt Hypersensible, der sein herausragendes Talent damit bezahlen muß, »daß er wie kaum ein anderer internationaler Spieler von Stimmungen, von zufälligen Nervenbelastungen abhängig ist« (*Kicker*) – er widersteht den finanziell und weiblich daherkommenden Versuchungen. Bis sich eine Männerfreundschaft als Täuschung erweist: das erbetene und gegebene Autogramm ist die erschlichene Unterschrift unter den Transfervertrag nach Südamerika. – Fritz Walter statt in der Pfalz in Uruguay? Weil das keinesfalls sein darf, entwindet er – schon außer Landes und auf dem Weg nach Paris – dem schurkischen Latino-Manager den Vertrag, zerreißt letzteren, springt vom fahrenden Schnellzug und eilt – ins Trainingslager der deutschen Nationalmannschaft, wo er Sepp Herberger seine Rückkehr mit den historischen Worten »1:0 für Deutschland!« meldet. – Gerade nochmal gutgegangen.

So ungefähr sah der Plot eines deutschen Spielfilmprojekts aus, das der Wiener Sportreporter Heribert Meisel (»Mein Vorschlag geht dahin, nicht alle vier Jahre drei Wochen lang Weltmeisterschaft abzuhalten, sondern diese Kämpfe alle drei Wochen auf die Dauer von vier Jahren zu veranstalten. Wir wären dann nicht so gehetzt gewesen ...«) und der Münchner Alteisenhändler Hans Schubert ausgeheckt hatten. Der war fußballfilmerfahren; er hatte einen anderthalbstündigen Streifen über die Weltmeisterschaft 1954 produziert, der keine vier Tage nach dem Schlußpfiff in Bern mit 100 Kopien in den Kinos anlief und prächtig

Geld einspielte. Für den neuen Film sollten in den Haupt- und Nebenrollen die Originalakteure ran. Fritz Walter, Mitspieler, Chef – alles echt.

Über die Absatzchancen mußte man sich keine Sorgen machen. Die Nationalmannschaft war auch Monate nach Bern ungebrochen attraktiv, verkaufstechnisch ein Selbstläufer, und der Aufhänger der Story aus dem wirklichen Leben gegriffen. Die Versuche, den deutschen Spielführer ins Ausland zu verpflichten, waren besorgniserregend ernstgemeint, weshalb *Bild* intervenierte: »Fritz Walter im Dreß eines ausländischen Klubs? Dieser Gedanke ist für ganz Fußball-Deutschland unvorstellbar.« Die Kampagne »Bleib' in Deutschland, Fritz!« war geboren.

Doch aus dem Mannschaftsausflug ins Filmgeschäft wurde nichts. Der notgedrungen eingeschaltete Deutsche Fußball-Bund, der die Chancen der Fußball-Vermarktung erst mit nachgerade fahrlässiger Verspätung erkannte, legte sich quer und beschied den Projektleitern schließlich lapidar, daß »der Geist der Nationalmannschaft nicht zu verfilmen« sei (*Der Spiegel*) – obwohl sich der weit überwiegende Teil der deutschen Bevölkerung nach ein paar Wochen Weltmeisterschaft darunter durchaus Handgreifliches hätte vorstellen können. Der *Geist von Spiez*, hier und da auch als lokalkolorierter *Schwur von Spiez* auftauchend, war in kürzester Zeit zur Alltagsvokabel geworden. Während aber das eidgenössische Rütli-Gelöbnis weiland eine Staatsnation gestiftet hatte, beließ es der deutsche Versuch beim wechselseitigen Versprechen, »bis zur letzten Kraftreserve und Möglichkeit zu kämpfen« (*Die Rheinpfalz*).

Das mochte den Deutschen nicht ganz unbekannt vorkommen. Doch nicht der Wiedererkennungswert war es, der nach dem Sieg in Bern den landesweiten Überschwang auslöste und dazu führte, daß anschließend Hunderttausende versuchten, den Spielern auf den Stationen ihrer Rückreise möglichst nahe zu kommen. Das Volksaufkommen und -empfinden erklärt sich aus der problemlosen Identifikation der Nation mit ihrer Mannschaft. Man verspürte kaum Abstand zu den kickenden Vertretern des Landes. Die waren eben »gute Jungens, Volk, wie das Volk« (*Münchner Merkur*).

Die Weltmeister-Biographien hätten durchschnittlicher nicht sein können. Fußball war in erster Linie der Sport der kleinen Leute, und selbst diejenigen, die sich zur nationalen Auswahl rechnen durften, gingen fast alle einer regulären beruflichen Beschäftigung nach. Doch darin erschöpfte sich die Verbundenheit nicht. Die Weltmeister-Zentrale, Trainer und Spielführer nämlich, standen für eine die Stunde Null überdauernde Kontinuität, die nicht versteckt werden brauchte. Sepp Herberger hatte Reichstrainer Otto Nerz assistiert, der in den 30ern die zum Lehrgang versammelten Nationalspieler täglich 60 Minuten unter SA-Kommando exerzieren ließ, und ihn nach dem blamablen Ausscheiden der Deutschen beim olympischen Turnier in Berlin beerbt. Aber schließlich ging es nur um Fußball.

Der Kapitän (»ich als alter Landser«) hatte gedient, und zwar in einer Art und Weise, wie das auch eine veritable Mehrheit der Deutschen von sich behauptete: mitgemacht, weil es nicht anders ging, die Pflicht getan, ohne größeren Schaden damit angerichtet zu haben. Bei aller Normalität des Werdegangs im zwölfjährigen Reich durfte sich Fritz Walter, ab Juli 1940 Nationalspieler und damit bekannt, durchaus als eine Art Dauerbotschafter des Friedens verstehen. Für seine Mitsoldaten war er »die Verkörperung von Begriffen, die für immer verloren schienen: Frieden, Heimat, Sport ...« Und nach dem verlorenen Krieg stand für ihn fest, was Millionen nachvollziehen konnten: »Wer einmal mit jungen Menschen aus anderen Ländern auf den Rasen gelaufen ist, kann unmöglich mit Überzeugung auf sie schießen.«

Nicht nur der Werdegang der Fußballer war gewöhnlich und ließ sie damit außergewöhnlich sympathisch wirken.

Sie trafen auch den Ton. »Reden wir nicht vom Krieg, reden wir vom Fußball!«[9] – Was der Spielführer formulierte, war nach dem Juli 1954 so etwas wie ein deutsches Credo, aus dem zweierlei sprach: Verdrängung und das weit verbreitete Empfinden, die Schnauze voll zu haben. Die fußballspielende Elite, das waren Weltmeister zum Anfassen.

Das Identifikationsangebot ans Publikum erschöpfte sich darin nicht. Denn da gab es zusätzlich den erwähnten Geist von Spiez, der sich auch mit der Zauberformel *Kameradschaft* übersetzen ließ. Kameradschaft, das war die Chance, in Ermangelung säkularer Bindemittel auf dem Wege der Verlängerung und Verbreitung der Landser-Mentalität zusammenzuhalten, was in der Nachkriegsgesellschaft auseinanderstrebte. Vor diesem Hintergrund verwundert es nicht, daß man hinter der Leistung der Weltmeisterelf spätestens nach Erreichen des Halbfinales mehr als nur eine solide Mannschaftsleistung plus exzellente Solisten plus eine wechselnde, in jedem Fall aber ausreichende Portion Glück vermutete. Unter den deutschen Umständen reichte das nicht hin. Weil da mehr sein mußte, konnte man als Zeitgenosse der Schilderung einer »Geste voll tiefer und wahrer Symbolik«[10] wohl nur mit jeder Menge Fortune entgehen: »Eine Schweizer Militärkapelle intonierte zu Ehren des Siegers das Deutschland-Lied. Und während deutsche Besucher brausend das Lied mitsingen, anderen vor Rührung die Tränen aus den Augen rinnen, sucht der Fritz nach der Hand des Sepp, faßt links neben sich Turek an den Arm. Und so geht es weiter fort über Eckel, über Rahn bis hin zu Max Morlock schließen sich die Hände zur Kette. Daß man das erleben darf! Stumm, ergriffen stehen die Spieler, die Wangen hohl von der Anstrengung des Kampfes. Niemand hat den Händedruck befohlen. Sie können nur gemeinsam, als Kameraden, der Macht und Größe dieser Stunde gegenübertreten.« (*Deutschland Weltmeister*)

Dieses »Sinnbild des Kameradschaftswerkes«, hier vorgetragen in autorisierter Version, gab die Konturen vor, die auszufüllen waren. Der delikaten Aufgabe nahm sich DFB-Präsident Dr. Peco Bauwens an (auf den zurückzukommen sein wird), der sich dem vermutlich nicht einmal dann hätte entziehen können, wenn er gewollt hätte. Nicht im Überschwang der Gefühle, sondern in der Weltmeisterschaftserinnerungsgabe des eigenen Verbandes, wegen des zeitlichen Abstands also im Vollbesitz seiner geistigen Kräfte, identifizierte er als Fundament deutscher Fußballerstärke die Primärtugenden »Hingabe des Einzelnen an den Dienst der Gemeinschaft«, »Einsatzwillen, Unterordnung, Kameradschaft«, »Kampf, Erprobung der Kraft am Gegner« und, als Appendix, die »Achtung vor dem Rivalen«. Wer einschlägige Stichwörter an dieser Stelle noch vermißte, fand sie im vermutlich präsidial inspirierten Nachwort: dort war von »Sauberkeit«, »Selbstbeherrschung« und »Pflichtbewußtsein« die Rede.

Hinzu kam die in offiziellen Verlautbarungen ausgesparte Askese. Mitgereiste Spielerfrauen wohnten in separaten Hotels und konnten zumeist nur aus der Entfernung einen begehrlichen Blick auf ihre Männer werfen. Bei näheren Begegnungen war immer gleich ein Dritter zugegen. »Mein Mann besucht mich nur in Begleitung seines Freundes Eckel«, klagte Frau Schäfer *Bild* ihr Leid. Ein solcher Begleitschutz mußte nicht einmal ausdrücklich abgestellt werden. Er galt Eingeweihten vielmehr als das Ergebnis nachgerade genialer Zimmervermittlung des Bundestrainers, der es schaffte, für die Zweibett-Unterkünfte bei Turnieren und Trainingslagern (nur der Chef selbst logierte im Einzelzimmer) genau die richtigen Pärchen zu bilden. »Einige wurden unzertrennlich«, enthüllte der Mannschaftskapitän Jahre später. »So konnte Horst Eckel kaum noch ohne Hans Schäfer auskommen. Selbst dann nicht, als Frau Schäfer eintraf und ihren Mann gern mal ein bißchen für sich gehabt hätte. Sie taufte den ständigen Begleiter ihrer Ehehälfte anzüglich den ›Schatten‹.«[11]

Daß in Spiez weder geraucht noch getrunken wurde, verstand sich von selbst. Anders dagegen die Ungarn. Bei denen gehe alles »ungezwungen und natürlich« vor sich, meldete der *Welt*-Korrespondent aus der Schweiz. Im Grunde stand damit von vornherein felsenfest, was für die allermeisten deutschen Beobachter nach dem Endspiel dann sonnenklar war – daß die Libertinage, von der die Ungarn nicht einmal 24 Stunden vor dem Berner Finale ließen, zum Scheitern führen mußte: »Am Samstagabend begegneten uns die ungarischen Spieler mit ihren roten Sakkos mit dem Goldemblem auf der Prachtstraße Zürichs ... Sie rauchten Zigaretten, tranken auf einer Terrasse ein Bier und spielten die Ungerührten ... Mit Flanieren auf Großstadtstraßen, mit Zigaretten und Bier kann man doch keine Weltmeisterschaft gewinnen. Das verstößt doch gegen alle medizinische Kenntnis und sportliche Auffassung«, wußte nicht nur der Bonner *General-Anzeiger*.

Erfolg macht vergeßlich. Was zwischenzeitlich sogar dem *Bild*-Reporter unangenehm aufgefallen war, daß nämlich im Lager der Deutschen »soldatische Disziplin und persönliche Freiheit in Fehde« lägen, wollte am Ende niemand mehr wissen. Das 3:2 verdankte sich, da waren alle einig, letztlich jener geschilderten Palette charakterlicher Eigenschaften, die wiederum den »prachtvollen Gemeinschaftsgeist« hervorgebracht hatten. Zusammengenommen, so war man sicher, erwuchs daraus »die wunderbare Geschlossenheit« [12], die sich, wie könnte es anders sein, in unbändigem Kampfeswillen artikulierte: »durchdrungen vom Willen, nicht unterzugehen« (*Deutschland Weltmeister*). Der Sieg rundete sich: »In der Tat, es war ein Triumph der Mannschaftsleistung, des Körpers *und* des Geistes«, jubelte der *Kicker*.

Das Eigenschaftsdreieck aus Kameradschaft, Entsagung und Geschlossenheit beseitigte jedenfalls im Rückblick auch das Unerklärliche: »Eine Weltmeisterelf war erstanden, gewachsen im Kampf, geformt von Meisterhand. Das war keine Sensation, es war kein Wunder. Es war der logische Endpunkt eines konsequent gegangenen Weges«, lautete die DFB-beaufsichtigte Bilanz. Der Erfolg rückte in die Nähe des Selbstverständlichen, fast schon ein *Triumph des Willens*. »Wir werden es schaffen, wenn wir es wollen«, gab Peco Bauwens bekannt.

Diese Art der Überlegenheit blieb nicht den deutschen Nationalspielern vorbehalten; die standen als Volksvertreter auf dem Rasen. Das Weltmeisterschafts-Halbfinale zwischen Deutschland und Österreich (6:1) offenbarte – »neben aller Fußballkunst« – für die *Welt* nationalcharakterliche Differenzen. »Bei den Deutschen stand neben allem Können eine wilde Entschlossenheit, bei den Österreichern eine lässige Verspieltheit ohne letzte Kraft. ›Wir werden gewinnen‹, sagten die Österreicher vorher und lächelten. ›Wir wollen gewinnen‹, sagten die Deutschen und ihre finstere Miene. Zwei Welten. Kein Wunder, daß die Männer von der blauen Donau dabei untergingen.«

In solchen Stimmungen konnte es schon mal passieren, daß Formulierungskünste unwesentlich älterer Art durchschlugen. Die Deutschen waren, so die *Welt*, einmal mehr gewillt, »nicht zu kapitulieren, ehe der Schlußpfiff fällt [!]«. Da war es nur noch eine Frage der Zeit, bis die Chronisten die Helden von Bern in einer Reihe mit anderen antreten ließen: »Sie sind für uns Vorbilder im echtesten Sinne geworden, die sich durchaus mit den leuchtenden Namen der kühnen Kriegshelden messen können, für die die Jugend sich begeisterte.«[13] So ganz wohl schien dem Verfasser dabei nicht zu sein; aus der Fortsetzung spricht das Bedürfnis, die immerhin halb empfundene Peinlichkeit auszubügeln: »Aber wieviel glücklicher ist das Los dieser unserer neuen Nationalhelden, die sich im friedlichen Wettstreit unsere Herzen im Sturm erobern! Wieviel segensreicher wird sich ihr kämpferischer Ehrgeiz auswirken, um auch im Ausland dem deutschen Namen wieder zu Ansehen und Achtung zu verhelfen!« – Die Skrupel verlieren sich im Laufe der Jahre.

Für die halbamtliche *Geschichte der Bundesrepublik* werden die Sieger von Bern ohne weiteren Zusatz »ähnlich gefeiert wie 10 und 15 Jahre zuvor die Jagdflieger-Asse und die erfolgreichen U-Boot-Kommandanten«.[14]

Aus dem Geist von Spiez und seinen Ingredienzen Rückschlüsse auf dessen nichtsportlichen Verbreitungsgrad zu ziehen und erwartungsgemäß die ungeläuterte und unbußfertige Gesellschaft zu erkennen, verbietet sich allerdings. Die angeblich vollendete mannschaftliche Geschlossenheit, »die unzerbröckelbare Einheit« (*Deutschland Weltmeister*) beruhte zum Gutteil auf Legendenbildung.

Da war die stille Opposition, angeführt von denjenigen »Reservisten«, die aus der Presse erfuhren, daß sie beim einkalkulierten 3:8 gegen Ungarn als zweite Wahl hatten auflaufen dürfen. Fünf Jahre später beschrieb »Boss« Rahn den langen Abend der Rebellion: »Wir meckerten und stänkerten noch eine ganze Zeitlang herum. Ja, wir gründeten sogar einen ›Klub der Unzufriedenen‹, sonderten uns ab und marschierten auf eigene Faust in ein Wirtshaus auf der anderen Seite des Thuner Sees. Hier kippten wir unseren Verdruß mit einigen Glas Bier hinunter.« [15] So geschlossen war also das deutsche Expeditionskorps nun auch wieder nicht.

Zudem wurden den Fußballhelden Werte und Eigenschaften untergeschoben, die selbst auf dem Rasen aus der Mode gekommen waren. Den Fußballfachleuten galt die »zweckmäßig angewandte und eingesetzte Technik« als der eigentliche Schlüssel zum Erfolg in der Schweiz. Mit in Kampfkraft umgesetzter mannschaftlicher Geschlossenheit allein war angesichts des fußballstrategischen und -taktischen Fortschritts kaum mehr etwas auszurichten.

Nur fachfremde Kommentatoren ließen das Kollektiv hochleben und behaupteten kategorisch: »Die Sieger sind keine Einzelnen.« (*Rheinische Post*) Die Spielanalytiker kamen zu ganz anderen Resultaten: »Die Weltmeisterschaft 1954 brachte uns die Abkehr von einer Fehlentwicklung des Fußballs, mit seiner Überbetonung von Wucht,

Schnelligkeit und Zerstörung, wie wir sie auch in anderen Sportarten als Zeiterscheinung feststellen mußten. Wegweisend wird dies aber auch für die hohe Bedeutung des konstruktiven, durchdachten Spiels sein, des Stils, also der positiven Waffen, zu denen das Mannschaftsspiel gehört und im möglichst weit gespannten Rahmen die Pflege der Individualität als Teil des Ganzen.« (*Coupe Jules Rimet*) Was Wunder, daß der Trainer des Weltmeisters bei seinen Spielern andere Vorzüge schätzte als der Verbandspräsident.

Um »das moderne ›System der Systemlosigkeit‹ unter deutschen Bedingungen« und erfolgreich anwenden zu können, hatte der Bundestrainer dem informierten *Spiegel* zufolge die Erfahrung gemacht, »daß man dem spielerischen Individuum im Rahmen der Mannschaft gewisse Grundrechte einräumen müsse«. Gefragt waren »gelöste Sportsmänner«. Das blieb den Spielern nicht verborgen, die in der Regel auch andere Formen der Menschenführung kennengelernt hatten. Sie registrierten mit Zufriedenheit, daß Herbergers Methode »weit entfernt vom Kasernenhofdrill« war. »Das Spielerische, das Lockere dominierte bei aller Zielstrebigkeit.« (*Der Chef*)

Diese Art freier Entfaltung der Persönlichkeit machte die Fußballnationalelf zu einer Enklave des Fortschritts in einer Gesellschaft, der die Entdeckung entsprechender Freiheiten erst noch bevorstand. Der avantgardistische Vorgriff auf einen Liberalismus individueller Grundrechte läßt den Geist von Spiez ganz alt aussehen: Als der in die Welt gesetzt wurde, hatte er sich längst überlebt. Sagen tat das keiner, um die sehnsuchtsvolle »Inbrunst der Gefühle« (*Die Rheinpfalz*) in der Weltmeisterheimat nicht zu beschädigen. Und da traf es sich bestens, daß das ohnehin niemand hören wollte.

Im Wirtschaftswunderland hatten sich die Werte verschoben. Das Pathos früherer Tage, die unauflösliche Gemeinschaft, bei der aus Kämpfern schließlich Sieger werden, stand im Begriff, zum Muster ohne Wert zu geraten und einer neuen Nüchternheit Platz zu machen.

»Geschehen noch Wunder?« fragte das Deutsche Fußball-Toto in einer *Spiegel*-Anzeige zwei Monate nach dem Sieg in Bern. Die Antwort: »Und das ganze Geheimnis des deutschen Fußballwunders: es ist letztlich gar kein Wunder, sondern das Resultat gesunden Unternehmergeistes, uneigennütziger Arbeit, sportlicher Leistungskraft und ehrlicher Begeisterung für die schöne Sache des Sports.« Die Säkularisierung am Ball.

In gewisser Hinsicht hatten die Funktionäre der Frankfurter DFB-Zentrale doch recht: Der Geist der Nationalmannschaft ließ sich nicht verfilmen. Denn so, wie ihn die Öffentlichkeit zu gern vermutete, gab es ihn nicht. Daß sich dennoch so viele dafür begeisterten, war letztlich nur ein Phänomen des Übergangs – gearbeitet wurde längst anders, auf dem Rasen und auch sonst. Aber gerade deshalb galt: Warum sollte man sich nicht Nostalgie gönnen, wo und solange es noch ging?

Kein Wunder, daß die Helden von Bern im Geist von Spiez gefeiert wurden.

Unterbrechung 1

»... der wie ein Vorschlaghammer nach dem Ball hieb«

ZWÖLF WELTMEISTER*

Im Tor *Toni Turek* (Fortuna Düsseldorf), unser Toni, unser unbezahlbarer Toni, ein Teufelskerl, ein Fußballgott, mit dem Radargefühl für Fußballbomben, kein Torwart der Welt hätte diesen Ball gehalten, diesen nicht, Toni, Toni, du bist Gold wert.

In der Verteidigung *Jupp Posipal* (Hamburger Sport-Verein), Auslandsdeutscher, der immer Ausschau hält, ob er jemandem einen Gefallen tun kann, großer Sportsmann, im letzten Spiel wie in seinen besten Tagen, und *Werner Kohlmeyer* (1. FC Kaiserslautern), ein Typ, den man gern haben muß, Kohli, Kampfverteidiger und Retter in höchster Not, dampft heran, mit Kohldampf sozusagen.

In der Läuferreihe rechts *Horst Eckel* (1. FC Kaiserlautern), der Benjamin, Junggeselle, dem so viele kleine Mädchen schreiben, ein Windhund, hochgezüchtete Technik, in den Dienst unerbittlichen Verteidigungswillens gestellt. In der Mitte *Werner* »ich stoppe alles« *Liebrich* (1. FC Kaiserslautern), die neue deutsche Fußball-Eiche, der wie eine Gazelle sprang und wie ein Vorschlaghammer nach dem Ball hieb, dröhnende Pauke, die den harmonischen Rhythmus des ungarischen Fußball-Czardas störte, und links *Karl Mai* (Spielvereinigung Fürth), der sich wie ein Terrier in seinen Gegner verbiß, wie ein Windhund, ja, nun ist der Mai gekommen, und unsere Stürmer schlagen aus.

Die Sturmreihe. Rechts *Helmut Rahn* (Rot-Weiß Essen),

* In: Freie Presse (Bielefeld), 16. 7. 1954

der Boss, Sorgenkind, menschlich tipptopp und ein feiner Kamerad, mit Dynamit in den Füßen, Menschenskind, wenn er zum Schuß kommt, dann ist für jeden Torhüter Alarm und SOS geboten. Daneben *Maxl Morlock* (1. FC Nürnberg), der den Alpdruck einer hohen Niederlage von uns nahm, unentbehrlicher rechter Schlepper mit Torinstinkt. Dann *Fritz Walter* (1. FC Kaiserslautern), Fritz, die Verkörperung einer neuen Spielidee, wie von höherer taktischer Warte, der Fußball-Genius, mit Feldherrenblick, der immer vergeistigter spielt, den wir auch heute auf den Schild heben müssen. *Ottmar Walter* (1. FC Kaiserslautern), herrliches Spiel ohne Ball, und wie geht er auf die Intentionen seines Bruders ein! Und als Linksaußen *Hans Schäfer* (1. FC Köln), ein Windhund, den niemand an die Kette legen kann, flankte und schoß, daß es eine Lust war.

Und: Wenn je ein Phönix aus der Asche stieg, wenn je ein Gerechter auffuhr aus dem Orkus schnöder Verachtung ins Licht der Ehre – sein Name war Herberger, der sanfteste Tyrann.

»Kinder, nun wollen wir nach oben«

ALLES AUFSTIEGSSPIELE

Immer mehr und immer besser – so lautete die VW-Erfolgsmeldung im Januar 1954. Proportional zum Bruttosozialprodukt stieg das Selbstwertgefühl der Deutschen. Die Allensbacher Demoskopen ermittelten in ihrer traditionellen Silvester-Umfrage einen kontinuierlichen Stimmungsaufschwung: mit mehr Hoffnung als Befürchtungen blickten 1950 27 Prozent, 1951 45 und 1952 48 Prozent ins neue Jahr. Und dem Jahr 1954 sah mit 60 Prozent erstmals eine solide Mehrheit erwartungsfroh entgegen.

Zu diesen 60 Prozent konnte die deutsche Fußballnationalmannschaft allerdings nicht zählen. Während ringsum Aufbruch herrschte, waren die fußballerischen Leistungen in der ersten Hälfte des Jahres 1954 nämlich wenig geeignet, große Hoffnungen zu wecken. Zwar brachte die Herberger-Truppe die Weltmeisterschaftsqualifikation über die Bühne, jedoch ohne einen Funken Brillanz und gegen eine eher harmlose Konkurrenz (Norwegen und das Saarland). Hinzu kam, daß im deutschen Endspiel in Hamburg zwischen dem 1. FC Kaiserslautern und Hannover 96 die halbe, im roten FCK-Dreß spielende Nationalelf sensationell und zudem deutlich verloren hatte (1:5). Die Nationalspieler wirkten müde und ausgebrannt, was selbst »den ewigen Lauterer Feinden« (*Kicker*) auf die Stimmung schlug.

Daß einer der Weltmeisterschaftsgegner Ungarn hieß, tat ein übriges. Die Mannschaft um Major Puskas zählte zu den Top-Favoriten, nachdem sie im November 1953 das bis dahin zu Hause ungeschlagene England im Londoner Wembley-Stadion 6:3 besiegt und das Rückspiel in Budapest, von den Engländern als Revanche gedacht, gar mit 7:1 gewonnen hatte.

Der DFB fühlte sich zudem vom Weltfußballverband

schwer benachteiligt. Die FIFA hatte sich nämlich geweigert, Deutschland einen Favoriten-Bonus einzuräumen, und selbst dann nicht eingelenkt, als Spanien, das eigentlich hätte »gesetzt« werden sollen, gegen die Türkei im Entscheidungsspiel um die WM-Qualifikation nach 120 Minuten durch Losentscheid verlor. Dem Sieger Türkei blieben die den Spaniern zugedachten Privilegien erhalten. Konkret hieß dieses »bittere Unrecht« (*Kicker*): Ungarn und die Türkei als »Gesetzte« der deutschen Vorrundengruppe mußten nicht gegeneinander, sondern nur gegen Deutschland und den Punktelieferanten Südkorea auflaufen. Da allein die beiden Gruppenersten weiter dabeiblieben, benötigte Deutschland einen Sieg über die Türkei, um sich bei der vermeintlich unabwendbaren Niederlage gegen Ungarn und dem ebenso unvermeidlichen Sieg der Türken gegen Südkorea in ein Entscheidungsspiel zu retten. »Mittwoch nochmals Türken schlagen!« lautete denn auch, als es soweit war, die Headline des *Kicker*.

Angesichts des flächendeckenden Pessimismus wurde, ein in den Nachkriegsjahren nicht eben häufiger öffentlicher Vorgang, die Geschichte als Kraftspender bemüht. Der *Kicker* fühlte sich bemüßigt, zur Hebung der Stimmung (»Reisen wir wirklich ganz ohne Hoffnung in die Schweiz?«) in einer Artikelserie an die Fußballweltmeisterschaft 1934 zu erinnern. »Genau vor 20 Jahren ging Deutschland mit weit geringeren Hoffnungen als heute in die Weltmeisterschaft und – wäre beinahe Weltmeister geworden. Der dritte Platz (gegen das damalige Wunderteam [i.e. Österreich] erfochten) war ein unerwarteter Triumph.« – »Laßt uns Mut daraus schöpfen!«, »Nicht an böse Omen glauben!« und »Hoffen wir auf ein Wunder!« gab die Fußball-Illustrierte der deutschen Weltmeisterschaftsexpedition mit auf die Reise. Und an die Adresse der Fans: »Schenkt unserer Mannschaft Vertrauen!«

Wie von den meisten befürchtet begann es denn auch. »Der Auftakt war gräßlich«, resümierte die *Süddeutsche*

Zeitung. Nach ganzen 180 Sekunden im ersten Spiel am 17. Juni gegen die Türkei stand es 0:1, und der ohnehin nichts Großes erwartende und daher auf Sarkasmus verlegte *Welt*-Chefreporter Dr. Joachim Besser (von dem noch zu berichten sein wird) brachte für seine Zeitung die »Ballade von den drei Nachtwächtern« zu Papier: »Der türkische Halbrechte Suat hatte im Strafraum zuerst den verdutzten Kohlmeyer umspielt, dann offenbar Posipal durch Schlangenblick zum Stehenbleiben veranlaßt und schließlich ganz müde abgeschossen. Der Ball hoppelte dahin, Turek bückte sich auch, aber noch langsamer, als der Ball lief.«

10 Minuten später brachte ein Tor von Hans Schäfer den Ausgleich, und obwohl es am Ende nach weiteren Treffern von Berni Klodt, Ottmar Walter und Max Morlock 4:1 stand, vermochte der Sieg nicht zu überzeugen. Das salomonische Resümee der Fachzeitschrift *Kicker:* »Unerwartete Schwächen – unerwartete Stärken, das glich sich zum Glück aus.« Niemand war rundum zufrieden, was vor allem daran lag, daß keiner so recht wußte, wie denn das Leistungsvermögen des deutschen Mannschaftskapitäns einzuschätzen sei. Das an Zeugnisse für Bernd Schuster gemahnende Urteil: »Die Auffassungen über Fritz Walter schwanken zwischen ›Überragend‹ und ›Untertauchend‹. Nur schwach fanden ihn selbst seine ärgsten Kritiker nicht, obwohl er längst nicht so auffallend hervortrat wie sonst oft. Unstreitig spielte der Kaiserslauterner Spieldirigent mit sparsamstem Kräfteeinsatz nur die Dirigentenrolle. Aber selten in einem Länderspiel gelangen ihm mit solch traumhafter Sicherheit spielentscheidende Züge und Pässe. Auf seine Tricks verzichtend, viele und lange Pausen einlegend, Zweikämpfe klug vermeidend, spielte er beinahe unauffällig wie von höherer taktischer Warte.« Mit anderen Worten, die 90 Minuten waren keine Offenbarung gewesen, und deshalb suchte der zwanghaft positive *Kicker* verhaltenen Optimismus in der Spekulation: »Aber man hatte das

Gefühl: er hätte sich sofort gesteigert, wenn's brenzlig geworden wäre.«

Das 4:1 erschien alsbald nur noch als Zwischenhoch, denn drei Tage später folgte die denkwürdige 3:8-Niederlage gegen Ungarn. »Ruhmlos« sei Deutschland untergegangen, klagte *Bild* und stellte ohne einen Funken Selbstironie fest: »Gegen diese Ungarn-Elf ist kein Kraut gewachsen.« Der neue deutsche Rechtsaußen gestand neidlos ein: »Das Feuer ihrer Kombinationen blendete die deutschen Verteidiger ebenso wie die Zuschauer.« (*Rahn*) Gleich doppelt düpiert fühlte sich Verteidiger Jupp Posipal, im Banat geboren und des Ungarischen mächtig. »Und wenn ich geglaubt hatte, ihre Sprache zu verstehen, so täuschte ich mich auch darin. In meiner Nähe verständigten sie sich auf russisch. Da war nichts zu wollen.« (*Deutschland Weltmeister*) In der Heimat herrschte derweil Mißstimmung oder Schlimmeres: »Dieses Spiel wurde von vielen nicht mehr als sportliches Ereignis, sondern als nationales Unglück angesehen.« (*Spiel ihres Lebens*)

Noch nicht einmal das Ergebnis (7:1 hatte es bis elf Minuten vor Schluß gestanden, als die Ungarn etwas nachließen), sondern vielmehr die Begleitumstände deprimierten. Herberger hatte eine um ein paar Stammspieler erweiterte B-Auswahl aufs Feld geschickt; die erste Garnitur sollte für das einkalkulierte Entscheidungsspiel gegen die Türkei geschont werden – eine mehr als umstrittene Entscheidung. Die deutschen Fairneß-Puristen, von denen am Ende der Weltmeisterschaft keiner mehr übrig war, reklamierten das Recht der Ungarn auf einen richtigen Gegner: »... daß der DFB-Vorstand es zuließ, im Weltturnier des Fußballs einer der besten Mannschaften der Welt brüskierend eine verstärkte Reserve entgegenzustellen, dürfte im FIFA-Vorstand noch manche Diskussion entfachen«, mutmaßte der Berliner *Tagesspiegel* und stand damit keineswegs allein auf weiter Flur. Und diejenigen, die von Berufs wegen den Umgang mit »haarspaltenden Worten«

(*Deutschland Weltmeister*) pflegten, hatten die Unterstützung der Fans. Die zahlreich nach Basel gekommenen Deutschen, die für eine Sonderzugfahrt von Düsseldorf und die Eintrittskarte stolze 57 DM zu zahlen hatten, machten schon bei der Bekanntgabe der Mannschaftsaufstellung ihrem Ärger Luft, der nach dem Schlußpfiff begreiflicherweise nicht geringer geworden war. »›Das ist ein Betrug‹, so hörte man es aus dem Munde von Zuschauern nach dem Spiel. ›Setzen Sie das ruhig in Ihre Zeitung‹«, so die Aufforderung an den Korrespondenten der ostdeutschen *Neuen Fußball-Woche*, der gern weiter mitschrieb: »›Der Herberger soll es wissen, wir bezahlen doch nicht unser teures Geld für das Spiel einer Reservemannschaft.‹«

Für eine schlechte Presse sorgte zusätzlich die von den Deutschen ins Spiel gebrachte Härte, die angesichts der gegnerischen Spielweise – »die Ungarn spielten geradezu herausfordernd elegant und ›unkörperlich‹« (*Kicker*) – erst recht unangenehm auffiel. Vorstopper Werner Liebrich (die *Kicker*-Einzelkritik: »räumte hart und unermüdlich auf«) macht sich einen Namen; sein rüdes Foul an Ferenc Puskas, als beim Stande von 5:1 und noch verbleibenden 20 Minuten längst alles gelaufen war, setzte den ungarischen Weltklassestürmer bis zum Endspiel außer Gefecht.

Der *Welt*-Kommentator faßte zusammen: »Ich finde, daß wir uns schlecht betragen haben. Die übelste Tat vollbrachte der ruppige Liebrich. Ohne Notwendigkeit rächte er sich an Puskas. Er rächte sich einfach dafür, daß dieser großartige Spieler der bessere Mann war, daß er immer wieder allen davonlief, daß Herrn Liebrichs Fußballkünste gegen die des Puskas' wie das Gestammel eines Sextaners gegen den fließenden Vortrag eines Professors wirkten. Aus Wut darüber, nur stottern zu können, zerschlug der Deutsche im freien Feld den Ungarn, anstatt sich selbst zu ohrfeigen. Diesen Mann sollte man nie wieder in eine Nationalelf stellen. Es schadet uns mehr als zehn Niederlagen.« – Vergeben und vergessen wurde solch antinationales Kommentieren im übrigen nicht; der nachtretende Hinweis, daß einige Deutsche, es den Ungarn gleichtuend, Liebrichs hartes Einsteigen maßlos überbewertet hätten, gehörte zur Standardausstattung der Weltmeisterschaftsrückblicke.

Es sah also nicht gut aus für die deutsche Elf, und nur der *Kicker* übte sich unverdrossen in der Kunst der nachträglichen Leistungssteigerung. Viele wähnten ein anderes Spiel gesehen zu haben, als nach dem 3:8 die Titelzeile des Fachblatts verkündete: »Alles staunt: Elf deutsche Ballkünstler – Aber: Kondition der Berufsspieler fehlt«. Geradezu rührend das journalistische Aufbautraining, wenn auch nicht immer elegant gelöst: »Sogar in der bösen Lektion durch Ungarns Fußball-Virtuosen blitzte [deutsche] Spielkunst auf, zuviel müde Spielkunst ...«

Doch dann kam der Aufschwung. Das Entscheidungsspiel gegen die Türkei (»der zweite Türkengang«) wurde mit 7:2 gewonnen, dank guter Angriffsleistungen, die verhinderten, daß die schwache Abwehr spielentscheidend werden konnte. Und schon fanden auch die Medien wieder zu alter Stärke zurück: Da hatte, so der hochzufriedene *Kicker*, der deutsche Sturm »wie Solinger Stahl durch Schweizer Butter« geschnitten.

Der Weg ins Viertelfinale war frei. Und nachdem erstmal die Synchronisierung der Bewegungen zwischen Volk und Kickern – von unten nach oben – gelungen war, stieg in Deutschland die Zahl der bekennenden Ballbegeisterten rapide. Die Mannschaft wurde angenommen, das Verhältnis inniger. »Von jetzt an heißen sie Jungen, unsere Jungen ... Unsere Jungen ziehen in das Viertelfinale ein«, beschreibt die *Süddeutsche Zeitung* die in der Adoption sinnfällig werdende Wende fußballgeschichtlichen Ausmaßes: »Das Land erwacht.«

Standen in den Rückblenden die Männer vom Bosporus eigentlich von vornherein auf verlorenem Posten, so konnte dies vom Viertelfinalkontrahenten Jugoslawien kaum behauptet werden. Der hatte Brasilien, einem heißen

Anwärter auf dem WM-Titel, immerhin ein 1:1 abgetrotzt. Sieht man von den Ungarn ab, gegen die eine Niederlage einkalkuliert worden war (diese Lesart hatte sich inzwischen durchgesetzt), so stellte sich mit Jugoslawien der erste würdige Gegner, an dem das deutsche *Wunder* geschehen konnte.

Und wie! Diesmal stimmte alles – Abwehr (die besonders) und Angriff, Einstellung und Taktik. Mit dem 2:0-Sieg über Jugoslawien am 27. Juni in Genf war der Mythos Herberger geboren. Laut *Kicker* spielte die deutsche Mannschaft mit zwölf Mann: »Herbergers Geist spürte man beinahe in allen Spielzügen.« Der geniale Rat, den der Betreuer seiner Elf mitgegeben hatte: »Laßt die Jugoslawen ruhig dauernd angreifen. Aber fangt sie kalt, gescheit, aufopfernd ab!« Daß die Jugoslawen letzteres im wesentlichen selbst besorgten – mit einem blitzsauberen Kopfballeigentor nach nur 10 Minuten –, tat der Legendenbildung keinen Abbruch. Im Gegenteil, denn nach diesem Rückstand mußte der Gegner kommen und »unsere braven Kämpfer« in die deutscheste aller Situationen bringen: »im Feld klar unterlegen« (*Kicker*), mit dem Rücken zur Wand, »wie elf Löwen« kämpfend (*Bild*), und – diesmal – am Ende Sieger.

Zwar meldete Reporter Gerd Krämer der Heimat »Wir sind eingeschnürt wie ein Fesselkünstler«, aber die Jugoslawen rannten sich immer wieder in der vielbeinigen und hingebungsvoll kämpfenden deutschen Abwehr fest, bis schließlich in der 84. Minute (!) Rahn (!) »den Endsieg« (*Bild*) sicherstellte. Der mußte, eine reine Vorsichtsmaßnahme, schon jetzt untergebracht werden; denn was wäre das Turnier ganz ohne ihn gewesen?

Zum Sieg kam die unvermeidliche Genugtuung. Denn die FIFA-Entscheidung, das Spiel gegen Jugoslawien nach Genf zu vergeben, war sofort als antideutsche Verschwörung enttarnt worden: Zum einen sollte durch die große Entfernung die Zahl der deutschen Schlachtenbummler klein gehalten werden, zum anderen setzte man auf eine gegen die deutsche Elf gerichtete Grundstimmung der frankophonen Schweizer Zuschauer. Mit dem Ergebnis hatten Mannschaft und Coach es also gleich mehreren gezeigt.

Der Einzug ins Halbfinale, zusammen mit Österreich, Ungarn und Uruguay, bot Anlaß für eine selbstbewußte Zwischenbilanz, zugleich Ausbruch aus der Enge einer rein sportlichen Sicht der Dinge. Dem mißlichen Umstand, daß nicht alle deutschen Wunschgegner in der Schweiz zur Verfügung standen, sollte abgeholfen werden. »Deutschland ist in diesem großen Fußballwettkampf das einzige große Land, das sich durchgesetzt hat. Die Länder, die in der Politik das Privileg besitzen, mit ihren Volksmassen die anderen spielend zu überflügeln, die auch in allen anderen Sportarten an der Spitze stehen, haben im Fußball nichts zu melden. Weder die USA, bei denen unser Fußball ohnehin eine bescheidene Rolle spielt, noch Sowjetrußland, so volkstümlich dieses Spiel dort ist. Aber auch die großen europäischen Nationen: England, Frankreich, Italien, Spanien mußten sich den kleinen beugen.« (*Frankfurter Rundschau*) So schön kann Fußball sein!

Es sollte freilich noch besser kommen. Der zweite »Endsieg« (diesmal im *Kicker*) war das 6:1 gegen Österreich vom 30. Juni. Der Erfolg fiel insoweit aus der Rolle, als es sich bei den Österreichern um einen besonderen Gegner handelte, der demzufolge einer besonderen Behandlung bedurfte. Großen Optimismus vorausgesetzt, hatte man höchstens einen erkämpften Sieg im Duell »Wiener Walzer gegen Marschmusik« (*Bild*) erwarten dürfen, doch gegen den »Fußballerbfeind« (*3:2*) wuchsen die Herberger-Schützlinge über sich hinaus, und zwar ganz anders, als das die *Tiroler Nachrichten* – »Diesmal siegte der Schwerarbeiter über den Artisten« – gesehen haben wollten. Das *Kicker*-Resümee: »Nicht niedergekämpft haben die Deutschen ihren populäreren Gegner (der körperlich weit überlegen war), sondern niedergespielt, niedergekreiselt. Die Zuschauer haben schließlich gelacht und gejohlt, wie sicher, trickreich, witzig, einfallsreich die Deutschen ihren Rivalen deklassierten, spieltechnisch, nicht – kämpferisch.« Und, gemeiner ging's nimmer im Umgang mit Wien: »Die Türken sogar hatten uns originelleren, heftigeren Widerstand geleistet.«

Doch die Revanche ließ nicht lange auf sich warten. »Unsere Elf spielt wie sie will«, hatte *Bild* vom 6:1 berichtet, und tags darauf brachten die in Salzburg erscheinenden *Tiroler Nachrichten* eine Art österreichische Bestätigung. »Bevor unsere Mannschaft in Basel einlief, war das Spiel gegen Deutschland verloren.« Gleich aus zwei Gründen fehlte der Elf angeblich jeder Antrieb: »Deutsche Industriekreise sollen sich finanziell angeboten haben, die Österreicher zu einem ausgezeichneten ›Engagement‹ nach Deutschland zu verpflichten.« Für Leistungsträger der Mannschaft habe es »märchenhafte Angebote« gegeben. Zudem hätte sich der österreichische Fußballverband in angeblich demotivierender Strenge den Forderungen der Spieler verweigert, Transfers ins Ausland zu erleichtern. »›Schiebung‹ und Revolution im Österreich-Team« waren damit als Ursachen der Niederlage ausgemacht.

Aus den wechselseitigen Nicklichkeiten sprachen die Abgründe, die im Fall der deutsch-österreichischen Beziehungen Politik und Sport trennen. Denn die großdeutschen Neigungen der Politik hatte der Fußball stets zuerst ausbaden müssen. Bei der Weltmeisterschaft 1934 in Italien schlug Deutschland im Spiel um Platz 3 Österreich mit 5:2; es war das – »Wunder von Neapel«. Im März 1938 wurde angeschlossen, was längst deutscherseits *Ostmark* hieß; ein als allerletztes geplantes Länderspiel zwischen den neuvereinigten Teilen (für den *Kicker* das »Glaubensbekenntnis der Fußballer im großdeutschen Reich«) endete 2:0 für Österreich. Ganz fatal wurde es dann bei der Weltmeisterschaft 1938 in Frankreich. Die deutsche Mannschaft (die berühmte »Breslau-Elf«) sollte auf höhere Weisung eine großdeutsche werden. »Damals dirigierte noch nicht die reine Fußballvernunft«, kommentierte der DFB 1954 diesen Vorgang. Für die Herberger-trainierte deutsch-österreichische Vertretung kam das sang- und klanglose Aus schon im Achtelfinale gegen die Schweiz.

Solche Erfahrungen setzten sich fest – Spiele, die man nie vergißt. Und als eigentliche Kraftquelle deutscher Fußballkunst war ein für allemal und viel grundsätzlicher, als dies Herbergers Kaiserslautern-zentrierte Blockbildung ahnen ließ, »die Harmonie« ausgemacht, »die in der Beschränkung auf einen bestimmten Raum liegt« (*Frankfurter Rundschau*). Erst von diesem gesicherten Boden aus ließ sich dann nach der Weltmeisterschaft auf die überwältigende mitteleuropäische Dominanz (1. Deutschland, 2. Ungarn, 3. Österreich) hinweisen; ein Resultat, so der *Rheinische Merkur*, »das schmetternden Wohllaut und historische Kontur in sich hat: Hoch Habsburg!«

Daß der Weg zum Weltmeistertitel 1954 einem kleinstdeutschen Bußgang gleichkam, schließlich mußte vor Österreich in der Qualifikationsrunde *die Saar* ausgeschaltet werden (darüber hinaus hatte das 54er FIFA-Jugendturnier zum Auftritt einer Vertretung der Deutschen Demokratischen Republik mitten in Westdeutschland geführt), mochte allenfalls die in deutschen Dingen sensiblen FIFA-Funktionäre erfreuen. Die nach einschlägigen Erfahrungen mit größeren deutschen Mannschaften historisch geläuterten Fußballfreunde waren damit nicht zu erschüttern.

Nach dem Einzug ins Endspiel schien die Heimat einen Moment lang die Contenance zu verlieren. Für *Bild* herrschte »Bombenstimmung« dank der »elf Männer im Adler-Trikot«, und der *Kicker* redete Klartext: »Die Welt muß umlernen. Deutschland ist Fußball-Weltmacht. Mag das Finale ausgehen, wie es will.«

Was Wunder, daß der Fußball das Land überrollte. Schließlich konnte sich hier die gesamte Nation wiederfinden – die Mannschaft war wie das Volk und umgekehrt. Deutschland war ein strebsamer Finalist, der, so der endgültig angesteckte *Welt*-Korrespondent, »immer aufwärts geklettert ist, der von Spiel zu Spiel mehr Tore schoß und weniger hinnahm [?!], der von der tiefsten Ebene aus bis auf den Gipfel vorstieß, der es anfangs selbst für unmöglich hielt und erst beim Klettern merkte, es geht ja, es geht sogar glänzend, Kinder, nun wollen wir nach oben.« (*Die Welt*) Doch zumindest die Feinnervigen waren von plumpdeutscher Siegeszuversicht längst geheilt. Die entsprechend korrigierten Phantasien: »Müßte es nicht herrlich sein, erst im letzten, im allerletzten Spiel zu unterliegen? Ehrenvoll natürlich.« (*3:2*)

Da scheint sie auf, die »alte« Bundesrepublik.

»Ein Sturm erhebt sich im Stadion – ein Wunder ist geschehen«

GEGEN UNGARN

Eine deutsche Leidenschaft: Noch die simpelsten Dinge sind nicht dagegen gefeit, zu Legenden verarbeitet zu werden. Und warum hätten ausgerechnet die Frankfurter Fußballfunktionäre von dieser Manie lassen sollen?

Die deutschen Anhänger, die sich durch Herbergers Ersatzelf im ersten Zusammentreffen mit Ungarn um ein richtiges Spiel geprellt fühlten, mußten hernach noch eine Publikumsbeschimpfung des DFB hinnehmen. Denn der vermutete, daß sie geistig einfach nicht in der Lage gewesen seien, den weisen Ratschlüssen des Bundestrainers zu folgen: »Was wußten sie schon von seinem taktischen Plan ... Und wer hätte sie informieren sollen? Offiziell ging das nicht, weil dann auch den Ungarn und den Türken vorzeitig dieser Schachzug verraten worden wäre. Der geplante Opfergang der Ersatzmannschaft mußte so lange wie möglich Geheimnis bleiben. Es wurde ein bitterer Opfergang!« Letztlich aber galt für den DFB – Hauptsache gewonnen. Der Erfolg heiligte eben die Mittel: »Unsere Elf hatte den Gegner studiert und die öffentliche Meinung der ganzen Welt über unsere wahre Kraft getäuscht.« (*Deutschland Weltmeister*)

In Wahrheit lagen die Dinge selbstverständlich anders. Weil sich aufgrund des Austragungsmodus und der Konstellation in der deutschen Vorrundengruppe die Herberger-Entscheidung, mit einer zweiten Garnitur anzutreten, geradezu aufdrängte, wurde die Sachlage im Vorfeld der Begegnung von *Kicker* bis *Bild* fast überall herausposaunt. Selbst der *Zeit*, von der man intensivere Ballkontakte nicht unbedingt erwarten durfte, konnte man drei Tage vor der Begegnung entnehmen, daß Herberger möglicherweise

»wesentliche Kräfte aus unserer ›ersten‹ Besetzung herausnimmt, um sie für das immer in Rechnung zu stellende zweite und dann entscheidende Spiel gegen die Türkei zu schonen.« Nur der *Welt*-Reporter lag mit seiner Vorschau einmal mehr daneben: Herberger, so die Joachim-Besser-Prognose, werde »alles versuchen, um seiner Mannschaft durch ein Unentschieden gegen die Ungarn das kräfteraubende Wiederholungsspiel gegen die Türkei zu ersparen.«

Eine verstärkte Reserve auflaufen zu lassen, hatte natürlich einzig und allein den Zweck, gegen die Türkei eine halbwegs ausgeruhte Mannschaft stellen zu können. Die schöne Nebenwirkung, daß jene Spieler, die beim ersten Magyaren-Match Zuschauer gewesen waren, unbelasteter ins Endspiel gingen, schließlich hatten sie gegen Ungarn noch nicht verloren (Nicht nur Tennis wird im Kopf entschieden!), konnte am 20. Juni kein Mensch vorausahnen. Warum also die Aura des Geheimnisvollen und Genialischen?

Ein einfacher Sieg reichte nicht. Erst wenn alle hinters Licht geführt waren, sich in den deutschen Möglichkeiten gründlich getäuscht hatten, kam so richtig Stimmung auf. Daß man damit selbst im Erfolg dem Denkmodell huldigte, sich in einer Welt von Neid und Mißgunst behaupten zu müssen, störte kaum – ganz im Gegenteil. Der *Kicker*-Herausgeber Dr. Friedebert Becker machte nach Spielschluß aus seinem Herzen keine Mördergrube: »Und das läßt die unbeschreibliche Freude erst so recht auskosten: daß die deutsche Mannschaft, allen voran der unvergleichliche Fritz Walter, mit ihrer Fußballartistik, ihrer Fußballgescheitheit, ihrem strahlenden Fußballwitz all jenen eine grausame Antwort gab, die noch bis zum Anpfiff des heutigen Endspiels den Deutschen ihren grandiosen Siegeszug mißgönnten und sie als primitive Glückspilze schmähten.«

Alles nur ein Spiel? – Eine Woche später gab es aus derselben Feder das unerklärte Dementi: »Keineswegs dringen nur Neider oder ewige Neinsager auf uns ein!« Denn das allgemeine »Problem unserer Tage« lautete: »Weltmeister nur durch Glück?«

Deutschland galt natürlich als Außenseiter. Als die Endspielpaarung bekannt war, weigerten sich die Londoner Buchmacher, weitere Wetten auf Ungarn anzunehmen. Entsprechend verhalten waren die Ausblicke aufs Finale. Rundfunkreporter Herbert Zimmermann redete vorsorglich die Niederlage schön: »Es ist ein großer Tag, es ist ein stolzer Tag. Seien wir nicht so vermessen zu glauben, er müßte erfolgreich ausgehen. Danken wir in jedem Fall – auch wenn wir verlieren sollten – unseren tapferen Jungens für diese großartige Leistung.« Und *Bild* suchte in den Eigenheiten des Gegenstands Hoffnung: »Ungarn ist Favorit – aber der Fußball ist rund und die Überraschung [?!].«

Doch da war auch noch der Gegner, und der stand in der immerwährenden Gefahr, die Selbstsicherheit zu übertreiben. »Wie Könige gewährten die Ungarn gnädig Interviews. Eine Gruppe deutscher Journalisten wurde betont freundlich empfangen. Die Spieler gaben sich dabei ausgesprochen lässig. In bequemen Sesseln rauchten sie in Seelenruhe eine Zigarette nach der anderen, tranken unbekümmert drei, vier Glas Bier. Allgemeine Tendenz: Was kann uns schon passieren?« *(Deutschland Weltmeister)*

Die Deutschen wurden nicht für voll genommen. Nichts zeigte dies deutlicher als der despektierliche Umgang mit ihren Legenden. *Bild*, nach wie vor unter dem Eindruck stehend, daß es im ungarischen Quartier ganz anders zuging als im deutschen, »viel freier, individueller«, berichtete, wie bei den Ungarn einmal »wiehernd« gelacht wurde: »Torwart Drosches [Grosics?] hatte laut gefragt: ›Wißt ihr schon die Aufstellung gegen Deutschland? Und in die aufmerksame Stille hinein: ›Wir spielen mit sieben Reservisten ...‹«

Selbst der Möglichkeit, daß am Endspielsonntag *Fritz-Walter-Wetter* herrschen könnte, also jener Nieselregen, von dem Chef Herberger ultimativ erklärt hatte: »Der gefällt allen denen, die gut spielen können«, sah der ungarische Kapitän mit provozierender Gleichgültigkeit entgegen, wofür er im DFB-Buch rückwirkend mit bezeichnendem Stammeln bestraft wurde: »Selbstsicher hatte der Major der ungarischen Armee abgewinkt: ›Ist sich Madjar alles gleich, ob Regen, ob Sonne. Ist sich Wetter heiß, denkt Madjar an heiße Pußta. Ist sich Wetter naß und kühl, erinnert sich Mannschaft an viel Wasser in Budapest!‹« (*Deutschland Weltmeister*) – Das konnte nicht gutgehen.

»Die Sonnenschlacht von Basel« (*Bild*) ging 3:8 verloren. Am 4. Juli aber meldete zuerst Maxl Morlock an Fritz Walter »Friedrich, es regnet!« und dann Herbert Zimmermann an alle: »60 000 im Berner Stadion; es regnet heftig, aber wir Deutschen glauben, daß heute Fritz-Walter-Wetter ist.« – Ein französischer Kommentator sollte später über den »verdammten Regen« von Bern schreiben.

Nur Dr. Joachim Besser von der *Welt* hatte, ganz Gesetz der Serie, wenig von ungarischer Selbstsicherheit bemerkt und statt dessen Gegenteiliges registriert – Furcht: »Die Ungarn haben vor den Deutschen Angst. Dies ist der Gegner, den sie sich noch weniger wünschten als die Österreicher. Die Deutschen sind für sie wie eine Sphinx. Sie haben zwar am Anfang die 3:8-Niederlage hingenommen, doch was war die schon wert? Sie war ja nichts anderes als jener Kniff des Trainers Herberger, seine Elf zu schonen, und, so sagen die Ungarn, sind die Deutschen nicht immer dann da, wenn man sie gar nicht auf der Rechnung hat?« Auf dem Spielfeld ließen sich die Ungarn die der Mannschaft attestierte Angst nicht anmerken.

»Deutschlands Aussichten auf einen Erfolg sind recht winzig. Schon ein ehrenvolles Resultat, eine Tordifferenz von etwa zwei Treffern wäre aller Achtung wert«, hatte die *Süddeutsche Zeitung* am Vortag die untere Leistungsgrenze gezogen. Der ehrenwerte Abstand war nach nicht einmal zehn Minuten hergestellt, durch »zwei wie Hammerschläge kurz hintereinander fallende Tore« (*Coupe*

Jules Rimet) – 6. Minute: 0:1 Puskas; 8. Minute: 0:2 Czibor. »Eine unerhörte Nervenbelastung für unsere Mannschaft« machte Herbert Zimmermann aus.

Und für den DFB erwiesen sich jetzt die deutschen Tugenden: »Aufgerüttelt durch den 0:2-Rückstand, durchdrungen von dem Willen, nicht unterzugehen, wächst die deutsche Widerstandskraft.« (*Deutschland Weltmeister*) Entschieden ziviler gab Spielführer Walter zu Protokoll: »Ja, jetzt mag kommen, was will, den Mut dürfen wir nicht verlieren.« (*3:2*)

Was kam, war die Doppelung des deutschen Weltmeisterschaftsweges in konzentrierter Form. 11. Minute: 1:2 Max Morlock. Während Zimmermann aufatmete (»Gott sei Dank, es steht nicht mehr 2:0«), dachte der Kapitän bereits weiter: »Die Ungarn wechseln nach unserem Tor undefinierbare Blicke. Ihr 2:0 hat sie vielleicht zu früh in dem Gefühl bestärkt, daß sie mit dieser deutschen Mannschaft im Grunde nicht mehr Schwierigkeiten haben als mit der Elf, die ihnen in Basel gegenüberstand.« 18. Minute: »Deutschlands ›Geheimwaffe‹: Fritz-Walter-Ecken« (*Kikker*) kommt zur Anwendung und der Ball zu Rahn – Dropkick, 2:2.

»Kinder, ist das eine Aufregung«, entfuhr es Zimmermann. Für *Bild* stand nach dem 2:2 fest: »Jetzt sind die Deutschen wieder da!« Später sollte in Deutschland zu diesem denkwürdigen Treffer Eigentümliches geschrieben werden: »Das ist mehr als ein gewöhnliches Ausgleichstor. Das ist nicht die Wiederherstellung des Gleichgewichts an Toren; das ist die Wiederherstellung des moralischen Gleichgewichts.« (*Coupe Jules Rimet*)

Danach lautete die Parole »Dranbleiben bis zum letzten!«, wurde das Herbergersche Spielsystem umgesetzt – »Das hat er immer erreichen wollen: Alle sollen verteidigen, wenn es etwas zu verteidigen gibt! Und alle sollen nach vorn drängen, wenn es etwas zu stürmen gibt.« (*3:2*) –, strapazierte man eigens herbeigerufene Schutzengel, rief der

Trainer dazu auf, auch in der zweiten Halbzeit »keinen Millimeter Boden« preiszugeben, mobilisierte Herbert Zimmermann die radiogebannte Heimatfront: »Halten Sie nur die Daumen zu Hause – halten Sie sie, und wenn Sie sie vor Schmerz zerdrücken, es ist gleichgültig – drücken Sie!«

»Sechs Minuten noch im Wankdorf-Stadion in Bern. Keiner wankt.« So begann im Radio die 84. Minute. Rahn nahm einen Abpraller auf, umkurvte erst zwei Ungarn, die einen Direktschuß erwartet hatten, hielt aufs Tor zu, und dann schoß er mit links flach ins äußerste linke Eck. »Na, und als ich Grosics fallen und nicht mehr ans Leder herankommen sah«, so der Schütze zum *Kicker*, »wußte ich alles.« *Das Tor*. Drei zu zwei. »Halten Sie mich für verrückt – halten Sie mich für übergeschnappt«, überstammelte Herbert Zimmermann drohende Sprachlosigkeit.

Doch das konnte nicht alles gewesen sein. Zu weit klafften der eigentliche Vorgang und dessen elementare Bedeutung auseinander. Später wurde in Sachen Größe und Dramatik ordentlich nachgebessert. Die andere 84. Spielminute: »Und diese Sekunde, in der Schäfer schießt und Rahn dem Ball entgegenfiebert, diese Sekunde ist in ihrer Gefährlichkeit so atemberaubend deutlich, daß ringsum alles plötzlich schweigt. Die Situation ist so unheilverkündend, daß sie wie eine Schrecksekunde wirkt und 65 000 Menschen lähmt ...« (*Das Spiel ihres Lebens*)

Die verbleibenden Minuten sah jeder auf seine Weise. Mit den Augen von Herbert Zimmermann: »Czibor – jetzt ein Schuß. Gehalten von Toni!!! Gehalten! Und Puskas, der Major, der großartige Fußballspieler aus Budapest, er hämmert die Fäuste auf den Boden, als wolle er sagen: Ist denn das möglich, dieser Siebenmeterschuß!«; oder für die gebildeteren Stände: »Das ungarische Temperament verlöschte wie ein langsames Birkenholzfeuer, die vielzitierte Rhapsodie klang aus in einem Strom von Mollakkorden.« (*Rheinischer Merkur*)

Dann war Schluß in der »Schlacht von Bern«. »Ein Sturm

erhebt sich im Stadion – ein Wunder ist geschehen – ein deutscher Triumph ohnegleichen« (*Bild*). Und kurz vor der Siegerehrung denkt der deutsche Kapitän an zu Haus. »›Kinder, jetzt geht die Welt unter‹, sage ich noch zu meinen linken Nachbarn Toni und Horst, ›jetzt schlagen sie in Kaiserslautern dem alten Walter seine Wirtschaft zusammen.‹« (*3:2*)

Als wenn das alles gewesen wäre.

Unterbrechung 2

»Nur in den Augen spiegelte sich das Glück«

DER MORGEN DANACH

»... weder am Sonntag abend noch am Montag morgen gab es lärmende Sieger. Ein Händedruck ersetzte Worte. Nur in den Augen spiegelte sich das Glück. Freudenfunken sprangen über, vermittelten das Gefühl der großen Dankbarkeit gegenüber einem gütigen Geschick.«

Aus: Deutscher Fußball-Bund (Hrsg.), Deutschland Weltmeister im Fußball 1954, Frankfurt/M. o.J. (1954), S. 54.

»Und weil der ›Boß‹, wie Helmut Rahn bei uns heißt, nun schon auf dem Balkon steht, gibt er an diesem letzten Morgen in Spiez noch einmal mit voller Lautstärke seine Essener Marktfrau zum besten:

Prima schnittfeste Tomaten, Leut!
Die prima Oma-Lutsch-Birnen für zahnlose Großmütter!
Ia Rotkohl, Weißkohl, Wirsing, Spinat!
Wenn keiner kommt, dann leckt mich am ...
Leute, ich bin das Leben leid, heut wird die Ware verschenkt!
Aaa schon wieder einer da!
Prima schnittfeste Tomaten!

Ich liege im Bett und lache, lache, bis mir die Tränen kommen.«

Aus: Fritz Walter, 3:2. Die Spiele zur Weltmeisterschaft, München 1954, S.7f.

Erste Halbzeit

»Das fröhliche Inferno«

EIN LAND IN DER FANKURVE

Für nachkriegsdeutsche Verhältnisse war es eine durchaus bemerkenswerte Situation: »Es gab keine Ahnungslosen mehr«, stellte die *Frankfurter Rundschau* fest – nachdem den Fußballern in der Schweiz gegen Österreich der Einzug ins Weltmeisterschaftshalbfinale gelungen war. »Wie viele wohl haben in der 30. Minute dieses Fußballspiels ›Tor‹ gerufen! Die Sandsteinfelsen Helgolands warfen das Echo von Basel zurück. Sechsmal im ganzen rauschte es hinter allen Fenstern, auf Straßen und Plätzen auf. Leute, die noch nie ein Fußballspiel sahen, klopften sich gegenseitig auf die Schultern, daß es krachte.«

Damit sollte es, wie man weiß, nicht sein Bewenden haben. Der Höhepunkt kam erst noch, und ihm fieberte ein ganzes Volk entgegen. In den westdeutschen Städten bot sich am Sonntagnachmittag des 4. Juli zwischen 17 und 19 Uhr überall das gleiche Bild: die Zentren wie ausgestorben, mit Ausnahme der direkten Umgebung von Radio- und Fernsehgeschäften, vor denen sich die Menschen drängten, um ein Bild aus Bern zu sehen. Die Gaststätten waren, sofern im Besitz eines Fernsehgerätes, überbucht, die besseren Plätze seit Tagen reserviert. Die Chancen, tatsächlich am Bildschirm dabei zu sein, lagen für die TV-losen bundesrepublikanischen Normalverbraucher denkbar schlecht: Im Bundesland Hessen belief sich im Sommer 1954 der Gesamtbestand an Fernsehern auf die bescheidene Zahl von 4000 Geräten. Die öffentlichen Verkehrsmittel fuhren weitgehend ohne Fahrgäste; dafür waren jene vom Schicksal Benachteiligten, die arbeiten mußten, nicht selten mit Radiogeräten ausgestattet. Dem Lauf des Balles und der Berner Dinge konnten sie dank der sprachartistischen Übersetzungshilfen des Reporters Zimmermann folgen.

Natürlich gab es fußballabstinente Ausnahmeerscheinungen, aber die bestätigten letztlich nur die Regel – wie etwa in Kaiserslautern. Dort waren, was der Aufmerksamkeit der *Pfälzischen Volkszeitung* nicht entging, »nur amerikanische Wagen und Soldaten« während des Finales unterwegs, verstanden die GIs von Fußball doch bekanntlich weniger als nichts.

Die heimische Fangemeinde hatte inzwischen zur Gesamtbevölkerung im Alter zwischen 5 und 100 aufgeschlossen. Erfahrungsgestützte Vorbildung oder auch nur theoretisch erworbener, rudimentärer Sachverstand waren längst nicht mehr notwendige Eingangsvoraussetzungen, um mit allen anderen am Ball zu sein. »Alle deutschen Sender« zusammen, mutmaßten die Zeitungen hernach, hätten bei der Endspielübertragung insgesamt 60 Millionen Zuschauer und Zuhörer gehabt. Viele blieben da nicht mehr übrig, die sich in den beiden deutschen Staaten dem geschichtsträchtigen Ereignis hatten entziehen können. Insofern war der Hinweis auf die nivellierende und damit gemeinschaftsbildende Kraft des Fußballs durchaus angebracht: »Alle nahmen Anteil, hoch und niedrig, arm und reich, ganz Deutschland und« – der Schlenker mußte scheinbar sein – »wo immer in der Welt deutsche Menschen leben.« (*Deutschland Weltmeister*) Ein transnationaler Erlebniskonsens von der Dauer zweier Sommernachmittagsstunden.

Das Land, seit Jahren im Fahrstuhl ökonomischer Rekordzuwächse, die langsam aber sicher auch für die einzelnen Haushalte spürbar wurden, erlebte zum Wirtschafts- jetzt auch noch den »Begeisterungsaufschwung« (*Coupe Jules Rimet*): »Der Sieg über Jugoslawien im Viertelfinale hatte die Skeptiker verstummen lassen, das 6:1 über Österreich im Halbfinale helle Begeisterung ausgelöst, der Endtriumph aber ließ ganz Fußball-Deutschland auflodern im Siegesjubel.«

Der unerwartete Vorstoß der deutschen Mannschaft

unter die Besten der Welt und das parallel verlaufende, unfaßbar schnelle Anwachsen der Fangemeinde hatten dazu geführt, daß in den lokalen und regionalen Medien die Weltmeisterschaft in ihrer Endphase allgegenwärtig wurde: Politik- wie Lokalredaktionen hatten nolens volens den Fußball für ihre Seite zu entdecken. Den Annäherungsversuchen eines Lokalredakteurs verdankt sich die wohl schönste Schilderung des Berner Endspiels zwischen 18. und 90. Minute – auf allerengstem Raum: »Zeitlebens haften in uns wird aber vornehmlich der Augenblick, wo nach dem Ausgleichstor in der Stunde des auf Entscheidung drängenden Hin- und Herwogens auf dem Kampffeld endlich in der zweiten Spielhälfte kurz vor Schluß der Schicksalstreffer zugunsten unserer Mannschaft fiel.« (*Die Rheinpfalz*) – Abpfiff. Und nach Momenten der Besinnung – »Alles hielt sich noch in den Wohnungen und Gaststätten auf, unfähig, sich vom Bann des großen deutschen Sieges zu lösen« (*Pfälzische Volkszeitung*) – gab es dann kein Halten mehr.

Mit den nächtlichen Feiern, die normaler verlaufen sein dürften als die »erhabene Stunde im Berner Stadion« (*3:2*), war es nicht getan. Die Deutschen setzten nach. Die Rückkehr der Weltmeister aus der Schweiz mobilisierte dieses Mal ganz ohne Zentralsteuerung Menschenmassen in Dimensionen, wie sie die Republikgeschichte allenfalls aus jenen friedensbewegten Ausnahmejahren zu Beginn der 80er kennt.

»Wenn wir in den Nachmittagsstunden des Montags in Lindau am Bodensee ankommen, wird sicher die gesamte deutsche Fußballgemeinde im Geiste Spalier stehen«, prognostizierten die deutschen Offiziellen vor dem Aufbruch aus dem Schweizer Quartier in Spiez. Sie sollten sich in gewisser Hinsicht täuschen. Diejenigen, die der Wohnsitz bevorteilte, waren schneller als erwartet präsent und deren Anzahl weit davon entfernt, sich auf die Fußballgemeinde im engeren Sinne zu beschränken.

Das erste von unzählig vielen sich anschließenden spontanen Empfangskomitees konnte die Ankunft »auf heimatlicher Scholle« einfach nicht abwarten und war den Fußballern bis Schaffhausen entgegengefahren. In Jestetten, dem ersten deutschen Ort, durch den der Bundesbahn-Sonderzug – ein neuer Triebwagen vom Typ *Roter Blitz* mit der Aufschrift *Weltmeister 1954* – ohne Halt fahren sollte, erzwangen zusammengeströmte Einwohner mit der Drohung, die Gleise zu blockieren, einen Zwischenstopp.

In Singen, Einwohnerzahl wohl 25 000, fand sich eine nur unwesentlich kleinere Menschenmenge am Bahnhof ein. Die dort vorgesehene, offizielle Begrüßung ging im allgemeinen Chaos schlichtweg unter. Reporter Rudi Michel, für den *Südwestfunk* vor Ort: »Das kann man sich nicht ausmalen, wenn man es nicht selbst miterlebt hat. Die Begeisterung schlägt zu große Wellen, sie schlägt ins Gegenteil um, sie wird lebensgefährlich, möchte ich sagen. Die deutsche Mannschaft lief als ersten Punkt nach dem Grenzübertritt Singen an. Zwölf Minuten Aufenthalt waren vorgesehen. Die Spieler wollten sich aus dem Wagen begeben, aber es war einfach unmöglich. Der kleine Bahnsteig 1 in Singen war überschwemmt von hunderten von Menschen, und wäre er zehnmal so groß gewesen, wären es bestimmt Zehntausende gewesen.«

Ein ähnliches Bild in Konstanz. Stimmungsbilder aus der Live-Reportage: »Blumen, Blumen, überall Blumen. Das ist ein Empfang für eine Nationalmannschaft. Wo ischt denn der Herberger? Wo ischt denn der Herberger? Ich will mal versuchen, ob ich weiter durchkomme. Eine Scheibe ist durchgebrochen. Eine kleine Scheibe ist durchgebrochen. Von einigen Neugierigen, die sich auf das Dach des Konstanzer Bahnhofs gestellt haben, aber es scheint nicht viel passiert zu sein. Ich suche noch Herberger. Wo isch Herberger? Entschuldigen Sie bitte, wo ist Herberger?«

Und auf der weiteren Strecke nach Überlingen, Friedrichshafen bis Lindau: »Von allen Straßen, von allen Feldern, aus allen Häusern längs der Bahnstrecke war ein Winken, ein Jubeln, ein Zurufen.« (*Coupe Jules Rimet*)

Am nächsten Tag standen Empfänge in München auf dem Programm. 500 000 Menschen wollten ihre Weltmeisterelf sehen. Die Schulen hatten geschlossen, viele Betriebe vorzeitig Feierabend gemacht. Schon Stunden vorher gab es entlang der Route, auf der die Spieler in offenen Wagen zum Rathaus fahren sollten, kein Durchkommen mehr. »Es ist einfach ein elementarer Sog, der die Menschen auf die Straße reißt«, versuchte der Berichterstatter des *Münchner Merkur* dem Phänomen erklärend beizukommen. »Die ganze Stadt knistert, wie von elektrischer Gespanntheit.« Der *Bayerische Rundfunk* übertrug den Triumphzug: »Von einem großen Kaufhaus kommt ein ganzer Luftballonregen, und hier stehen die Menschen auf den Straßen, sie liegen in den Fenstern, stehen auf den Dächern, sind eingeklemmt zwischen den Schornsteinen, mit Fähnchen, Fahnen, Luftballons, mit Klingeln, Glocken, Ratschen. Es ist ein einziger Jubel. Sie stehen hier nicht nur in Zehnerreihen und Zwanzigerreihen, nein, der ganze Platz ist hier schwarz von Menschen.« Der ortsfremde Reporter der *Frankfurter Rundschau* meldete spürbar irritiert, daß nach dem Einlaufen des Sonderzuges »ein infernalisches Heulen aus Hunderten von Lokomotivpfeifen, Fabriksirenen und Boschhörnern« minutenlang über München gelegen habe. »Es wäre falsch zu sagen: München stand Kopf. Es stand wie ein Mann, aber nur auf einem Bein, das zweite zur Erde zu bringen, war unmöglich.« In *Bild*-Kürze: »Einfach toll: München explodiert vor Freude.«

Exzentrische Leserbriefautoren verlangten tags drauf zu wissen, wo denn noch eine »Oase nachdenklicher Nüchternheit« zu finden sei und wie man sich, bitteschön, »einige psychologische Merkwürdigkeiten« zu erklären hätte, beispielsweise den Umstand, »daß alte Mütterchen, die kaum wissen, wie ein Fußball aussieht, beim Anblick einer Fußballmannschaft in Freudentränen ausbrechen können«. Derweil trieb die *Münchner Illustrierte* die Hoffnung um, daß der Fußballerempfang unangenehmere Episoden der bewegungsgeschädigten Stadtgeschichte endgültig in den Schatten stellen könnte: »Nie wurde ein König, ein Held, ein Diktator stürmischer gefeiert als die Mannschaft, die über sich hinausgewachsen war.«

In Kaiserslautern (Eigenwerbung: »Es gibt nur eine deutsche Fußballhochburg«) wurde der Weltmeistertitel aus naheliegenden Gründen eher als städtischer denn als nationaler Erfolg gewertet. Weit mehr als hunderttausend Menschen waren auf den Beinen, um die fünf heimischen Spieler aus der Weltmeisterelf zu begrüßen. Das Programm hatte von vornherein gelautet, einen Empfang hinzulegen, »der nicht mehr überboten werden kann« (*Pfälzische Volkszeitung*). So war er dann wohl auch. Der Schulunterricht fiel selbstverständlich aus, die Geschäfte schlossen früher als gewohnt. »Böllerschüsse verkünden die Ankunft, Arme fliegen hoch, und der Jubel wird zum Orkan. Kaum können die Spieler ihre Familien begrüßen. Sie werden von Frau und Kind fortgedrängt; für diesen Abend gehören sie der ganzen Stadt, die eine einzige Familie geworden ist.« (*Coupe Jules Rimet*)

Weitere Stationen. 100 000 empfingen Helmut Rahn, und das *Essener Tageblatt* machte ein »pardon! – fröhliches Inferno« aus. Fürth begrüßte Karl Mai und Ersatzspieler Herbert Ehrhardt, und, in einer stadtgeschichtlich wohl einmaligen Zahl, waren »werktätige Menschen aus Fabriken und Büros in hellen Haufen zusammengelaufen«, allein »aus der freudigen Empfindung heraus, die seit dem Sonntag-Endsieg alle Deutschen ergriff«, so die *Fürther Nachrichten*. 70 000 verbreiteten für Max Morlock in Nürnberg »Großkampfstimmung«; für die *Nürnberger Nachrichten* war es »ein ›kleines München‹«. Fast 200 000 warteten in Düsseldorf auf *unseren Toni*. Als er endlich eintrifft, »entlädt sich die erwartungsvolle Spannung der Menschenmassen in einem Schrei, der fast die Pferde des bereitgestellten Triumph-Achtspänners der Dietrich-Brauerei durchgehen läßt ... Toni wirft Miniaturfußbälle in die Massen, versucht die Blumensträuße zu fassen, die man ihm zuwirft, steht in einem riesigen Bierfaß, das man dem König der Torhüter als Thron hergerichtet hat. Zweiunddreißig Pferdehufe bringen seinen Wagen knatternd von der Stelle, der Jubelsturm steigert sich zum Orkan, Fähnchen flattern, Luftschlangen fliegen, und zeitweise ist die Gestalt im grünen Zivilanzug der deutschen Nationalelf verdeckt von den Blumen, die man hinaufwirft.« (*Neue Rhein-Zeitung*) Und so weiter und so fort.

Begeisterung sprach auch aus einer Flut von Gratulationen, die noch in der Schweiz, beim DFB in Frankfurt, beim 1. FC Kaiserslautern und den sonstigen Vereinen eintrafen, die nun Weltmeister in ihren stolzen Reihen hatten. Schon nach dem Halbfinalerfolg hatte man in Spiez bei 600 Glückwünschen aufgehört zu zählen. Nach dem Endspiel resümierte die *FAZ*, an der die Fußballweltmeisterschaft ansonsten weitgehend spurlos vorübergegangen war, den Stand der neuen deutschen Gemeinschaftsbildung: »Um die Mannigfaltigkeit der Volkskreise anzudeuten, die an dem Sieg unserer Nationalmannschaft ihre Freude hatten, seien einige Absender genannt. Es gratulierten Bundesinnenminister Dr. Gerhard Schröder, Bundesarbeitsminister Storch, der Deutsche Gewerkschaftsbund, die Vorsitzenden der Sozialdemokratischen Partei, der Freien Demokratischen Partei, des BHE und des Zentrums, das Haus Hohenzollern und sein Chef Prinz Louis Ferdinand, nahezu sämtliche Sportverbände, die Vereinigung der Angehörigen des ehemaligen Afrikakorps, die Fußballverbände von Norwegen, Finnland und der Saar, die Filmschauspielerin Zarah Leander, Sportfreunde aus Prag und aus vielen anderen großen Städten des Auslandes, deutsche Schulklassen und die Seminaristen des Priesterseminars in Köln, die Angestellten deutscher Fernämter, große Industriebetriebe und das Ehepaar Baier, die mehrfachen Weltmeister im Eiskunstlaufen.«

Was aber war es eigentlich, das so unbeschreibliche Begeisterung auslöste und die Menschen zu Hunderttausenden auf die Straße zog? Leichter schon läßt sich die Frage beantworten, was als möglicher Antrieb ausschied.

Die Vergangenheit war zumindest teilpräsent; wie sonst ließe sich das verbreitete Bedürfnis erklären, gänzlich ungefragt immer wieder zu betonen, daß der Menschenauflauf keineswegs angeordnet worden sei. »Nein, befohlen hatte sie niemand, verordnet auch nicht. Spontan hatte sich die deutsche Heimat in diese Begeisterungswelle reißen lassen.« (*Deutschland Weltmeister*) Anderes konnte ernsthaft nicht unterstellt werden, auch wenn hier und da ein Leserbrief auftauchte, der auf peinliche Parallelen zu Massenkundgebungen des Tausendjährigen Reiches hinwies. Und selbst die öffentliche Unterstützung zur Ausgestaltung der Fußballerankunft wäre wohl entbehrlich gewesen. In Singen lud der von den Stadtvätern gemietete Lautsprecherwagen noch zum Empfang ein, als der Bahnhof schon längst überfüllt war; auch der Kaiserslauterer Oberbürgermeister-Aufruf »Flaggen heraus« war in den Wind gesprochen – das hatten viele schon am 4. Juli besorgt.

Auch wenn die *Nordbayerische Zeitung* in Fürth eine »in ekstatischer Erregung tobende, schreiende, lachende und weinende Menge« gesehen hatte – insgesamt war die allgemeine Begeisterung kein kollektiver Rauschzustand. Dazu gab es zuviele Zwischentöne, zuviel Nachdenklichkeit und besonnene Zurücknahme – allenthalben war die Haltung anzutreffen, daß man »ein Geschenk von unvorstellbaren Ausmaßen« erhalten hatte und sich dafür dankbar zeigte. Die Deutschen ließen sich bremsen, wie nach dem Spiel gegen Österreich im Stadion von Basel: »Die Schweizer glaubten wohl selbst nicht an den Erfolg ihrer Maßnahme, als die Stimme des Lautsprechers in die Brandung des Jubels hineinklang: ›Ihr habt ein großes Spiel eurer Mannschaft erlebt, deutsche Zuschauer! Beweist nun eure Dankbarkeit dadurch, daß ihr unseren Rasen schont. Bitte, bleibt auf euren Plätzen, überschwemmt nicht das Spielfeld!‹ Und die deutschen Menschen standen.« (*Deutschland Weltmeister*) War das allein die sich allemal vor Grünanlagen erweisende deutsche Disziplin, die auch erklärt, warum die in Singen erwartungsfroh ausharrende Menge 5800 Bahnsteigkarten gelöst und vorschriftsmäßig entwertet hatte? Entlang der Strecke nach Kaiserslautern gab man massenhaft Mutmaßungen eines russischen Berufsrevolutionärs nachträglich recht: Allein in Kandel wurden Hunderte Bahnsteigkarten vorbestellt!

Weder verordnete Begeisterung noch massenhysterischer Rausch, ganz sicher auch keine »Volksabstimmung für den Sport« (*Deutschland Weltmeister*). Aber was sonst, was war los mit den Deutschen?

Die in ihren Gegenstand verliebten Zeitzeugen der schreibenden Zunft hatten nicht allzu viel anzubieten: »Wir können es nicht fassen, uns zittern die Knie, die Hände, uns lacht das Herz«, bekannte die *Westdeutsche Allgemeine*. Und beim Bonner *General-Anzeiger* brannte die Freude »wie eine Flamme in uns. Es ist eine unermeßliche Freude, die einem fast das Herz sprengt und die Augen überlaufen läßt.«

Zwar gab es hin und wieder hoffnungsvolle Ansätze, die Bedeutung des Fußballergeschenks für Volk und Vaterland zu ermessen: »Der völkerverbindende Sport hatte alle wieder einmal sozusagen an einen Tisch als Zuhörer und Zuschauer gebracht. Brücken wurden dadurch von Volk zu Volk geschlagen und viele unberechtigte Vorurteile zu nichts zerstäubt ...« Folgte das Dementi auf dem Fuße: »Darunter auch solche sportlicher Art, die sich bisher neidisch und abfällig gegen unsere Fußballelf eingestellt hatten.« (*Die Rheinpfalz*) Letztlich war dann doch die Völkerverständigung der nationalen Genugtuung unterlegen.

Schon schwerer fiel, die lyrische Erhebung Kaiserslauterns auszudeuten. »Als Namenlose zogt Ihr aus, / als Weltmeister kehrt Ihr nach Haus'. / Deutschlands größter Triumph ist errungen, / herzlich willkommen Ihr Lauterer Jungen«, war auf dem Begrüßungstransparent zu lesen. Restauration nationaler Größe? Oder eher Lokalpatriotismus, angereichert um die zögerliche Vorwegnahme der ersehnten neuen Normalität? – Für den DFB jedenfalls schien die Sache klar zu sein: »Diese Anteilnahme war nicht der Ausdruck überspitzten Nationalgefühls, in ihr schlug vielmehr das warme Herz des Volkes, eine echte Freude, die immer gutartig ist.« (*Deutschland Weltmeister*) Das Eigentor blieb unbemerkt.

Andere machten sich mehr Mühe, die undurchsichtigen Stimmungslagen zu durchschauen. »Am Abend des denkwürdigen 4. Juli«, kommentierte der Düsseldorfer *Fortschritt*, »war ein ganzes Volk fasziniert von den Leistungen seiner Männer. ›Wir sind wieder da‹ und ›Deutschland geht nicht unter‹ – das war der Tenor der Gespräche. Für Millionen beglückter Menschen sind diese Siege ein Trost und ein Hoffnungsstrahl in einer Zeit der Ungewißheit und des Suchens nach neuen Ufern, auf denen wir als Volk einen Halt finden.«

Anklang an alte Überheblichkeiten und Aufbruch zu neuer Stabilität – im Nachkriegsdeutschland lag Gegenteiliges offenbar ganz dicht beieinander.

Unterbrechung 3

»Wir sind hinausgezogen«

HEIMATDICHTUNG

Walter Hebich, Wir Fußballkameraden, aus: Bild, 3. Juli 1954:

»Auf den Tisch der BILD-Redaktion flatterte ein Notenblatt – das Manuskript eines neuen Marsches. Ein begeisterter Fußballfreund aus Norden, Walter Habich, schrieb ihn: ›Dem Kapitän Fritz Walter und seinen Fußballkameraden in Verehrung gewidmet.‹ Der mindestens kampfkräftige Text lautet:

›Wir Fußballkameraden sind hinausgezogen,
eisern ist der Kampfgeist,
doch sei uns auch das Glück gewogen.
Für Deutschlands Ehre geben wir unser bestes her,
der Kapitän heißt Walter,
er ist der Fels im Meer.‹
Mit Musik geht alles besser – hoffentlich auch morgen.«

Max Braun Rühling, Willkommen! Aus: Die Rheinpfalz, 7. Juli 1954:

»Blast Fanfaren! Singt in Chören!
Brüder, euch gebührt in Ehren
Unser Gruß der Heimat heut!
Festlich flattern ihre Fahnen,
Sinnbild, daß der wohlgetanen
Arbeit hier man Blumen streut.

Welttriumph habt ihr errungen,
Tapfere Kaiserslauterer Jungen,
Stolz der Barbarossastadt!
Dieser Sieg soll unvergessen

Sich mit goldnen Lettern pressen
In der Mannschaft Ruhmesblatt!
Hipp-Hipp-Hurra! den fünf der Besten
uns feiern, laßt uns festen!
Rührt im Wirbel laut die Tromm!
Mannschaftskapitän Fritz Walter,
Altbewährter Spielgestalter –
Dir und jedem Titelhalter
Unser herzlicher Willkomm!

»Auch Mutti war heute Sportler«

LAUTER FUSSBALLBRÄUTE

Nach landläufigen Meinungen soll am Sonntag, dem 4. Juli 1954, ein Spiel aller Deutschen stattgefunden haben. Tatsächlich? Mitnichten, vielmehr gab es Abweichler in stattlicher Größenordnung, der einer komfortablen absoluten Mehrheit gar. Die Frauen nämlich, folgt man der Berichterstattung, nahmen zwar Anteil am Berner Endspiel, aber irgendwie anders. »Auch Mutti war heute Sportler, wenn sie auch sonst sonntags murrte, weil Vater zum grünen Rasen ging und sie allein zu Hause bleiben mußte.« (*Die Rheinpfalz*) Ähnliches war vielerorts zu lesen, so richtig aufschließen zu den männlichen Finalisten vermochte die weibliche Welt allerdings denn doch nicht. Was *Bild* von den Protagonisten auf dem Berner Spielfeld berichtete, galt auch auf den Zuschauerrängen: »Sie kämpften, wie nur Männer kämpfen können.«

Wenn sich die Medien im Sommer 1954 gelegentlich dem Thema »Frau & Fußball« näherten, dann ging es nicht um Recherchen, ob aus dem Männervergnügen inzwischen vielleicht ein geschlechterübergreifender Volkssport geworden sei. Das wäre niemandem in den Sinn gekommen. Man teilte den Frauen Rollen zu, ganz wie im richtigen Leben.

Beliebt war vorrangig die dekorative Funktion. Das Spiel rundete sich selten von allein. Frauen konnten das Stadionerlebnis abwechslungsreicher und damit unterhaltsamer gestalten, zumindest in vergleichsweise südlichen Regionen und bei sommerlichen Außentemperaturen. Originalton des *Welt*-Reporters Besser aus Genf: »In der französischen Schweiz scheint mir die Distanz zum Fußball am stärksten. Es liegt an den Frauen. In diesen Tagen haben alle weiblichen Wesen am Genfer See nur ein Interesse, das wenige, was sie anziehen, möglichst charmant anzuziehen. Viele Mädchen und Frauen kommen zu den Fußballspielen. Es ist eine Parade der Mode. Und die Fans aus Deutschland, Frankreich und Italien sind nicht blind. Viele habe ich beobachtet, die während eines Spiels immerfort seitwärts starrten: Ein buntes Muster hatte es ihnen angetan, und ihre Blicke trennten sich gern vom Spielgeschehen.« Derartige Umstände entkrampften: »Soviel leichte Schönheit tötet den tierischen Ernst. Das Leben wirkt wie ein Spiel hier unten. Soll man da vielleicht das Spiel ernst wie das Leben nehmen?« – Erst die Aussicht, mit Deutschland Weltmeister werden zu können, brachte den von fast mediterranen Welten verstörten Mann wieder zur Raison ...

Nicht immer glückte der Versuch, den Wettkämpfen weiblichen Glanz zu verleihen. Feminine Inkompetenz in Sachen Regelwerk ging durch, wurde unter Umständen sogar als ganz apart empfunden. Die verstörte Frage nach den Geheimnissen der Abseitsregel erweicht bis heute Männerherzen. Dagegen gehörte zur Schau getragener, despektierlicher Unernst in die Reihe der schweren Vergehen. »Das hätte sie nicht tun sollen«, begann denn auch die *Kicker*-Schelte für den Kurzauftritt der *Miss Germany*, in Personalunion *Miss Europa*, vor dem Spiel Schweiz gegen Italien, »die Mannschaften begrüßen, die Blumen in den Arm nehmen und kaum den Anpfiff abwarten, um dann sofort im Engen-Rock-Kurzschritt (aus den Hüften schwingend) aus dem Stadion davonzuwiegen.«

In Deutschland war die Anteilnahme der Frauen am Schweizer Ballgeschehen ausdauernder, wenn auch nicht immer ganz leicht: »Schreie gellen aus den Gruppen. Männer fallen sich um den Hals, Frauen stehen fast verschüchtert am Rande des Geschehens.« (*General-Anzeiger*) Frauen werteten die Ereignisqualität auf. Erst so kam die fußballerische Volksbewegung am Radio und beim Empfang der Weltmeister zustande. »Unsere hübsche Mama zum Beispiel«, stand in der *Süddeutschen Zeitung* zu lesen, »die neulich noch sagte, Fußball sei ein Spiel, das von sieben Männern gespielt wird, die nach einem Korb springen, diese gleiche Mama sitzt jetzt auf der anderen Seite des Radios, strickt, läßt zwei Maschen fallen und murmelt: ›Wenn der Rahn doch nur abgeben würde!‹« Weibliche Reize, weibliche Aufgaben, Teilhabe am männlichen Sachverstand – 50er Jahre auf kleinstem Raum.

Es deutete sich schon an, daß Frauen besondere Probleme hatten, das fußballerische Geschehen zu durchschauen und in seiner vollen Bedeutung zu erfassen. Doch wird von außergewöhnlichen Szenen berichtet. Die wiederum brachten Männer in den Erklärungsnotstand. Ein durchaus repräsentatives Leserbrief-Bekenntnis: »Wenn ich sonntags eine kleine familiäre Unstimmigkeit heraufbeschwören wollte, dann brauchte ich meine Schritte nur zum Sportstadion zu lenken. Beim Fußballsieg der deutschen Mannschaft in der Schweiz aber weinte meine Frau Freudentränen. Ein psychologisches Phänomen, das ich mir als Laie nur so erklären kann, daß es der Stolz ist, Menschen an der Spitze zu sehen, die dieselbe Sprache wie wir sprechen, und die uns damit näher sind als z.B. ein ›Uru‹ aus Südamerika.«

Zwischengeschlechtliche Gefühlskongruenz war allerdings die Ausnahme. Viel häufiger wurden die fußball-, besser: fußball*erfolgs*begeisterten Frauen gebraucht, um als eine Art Exotikum die Bedeutung der Ereignisse und die Größe der Weltmeister zu veranschaulichen. Das Schöne dabei war, daß diese Begeisterung nicht in Konkurrenz zur eigentlichen, gesellschaftlich festgeschriebenen Rolle treten mußte. Fußball und Haushalt schienen vereinbar zu sein, jedenfalls in Düsseldorf, wo Toni Turek eintraf: Aus den Häusern sahen die *Düsseldorfer Nachrichten* unzählige Hausfrauen mit rotweißkarierten Küchentüchern winken, die besonders hübsch zum Anlaß paßten, waren Rot und Weiß doch die Traditionsfarben von Tureks Verein Fortuna Düsseldorf.

Die weibliche Fan-Ausstattung paßte ins Bild. Denn die

Frauen-Rückrufaktion lief in der Bundesrepublik der 50er Jahre auf vollen Touren. Besinnung auf Kinder und Küche war erwünscht, den anarchischen Unregelmäßigkeiten einer männerlosen Gesellschaft vor und nach der Stunde Null mußte Einhalt geboten werden. Während mann das Matriarchat abrüstete, wurde der Kindersegen zu einer Sache nationaler Sicherheit erklärt. In den Worten des unvergeßlichen Familienministers Franz-Josef Wuermeling: »Millionen innerlich gesunder Familien mit rechtschaffen erzogenen Kindern sind als Sicherung gegen die drohende Gefahr der kinderreichen Völker aus dem Osten mindestens so wichtig wie alle militärische Sicherung.«

Ging es darum, noch eins draufzusetzen, um den fußballinduzierten Ausnahmezustand im Geschlechterverhältnis gegen alle Zweifler zu bewahrheiten, wurden selbst Großmütter bemüht. »Sogar alte Mütterchen wollten ihm zuwinken und ihm für seine Leistung danken«, beobachtete die *Rheinische Post* beim Empfang für Toni Turek. Für die Konkurrenz von der *Neuen Rhein-Zeitung* gehörten zu den unglaublichen, aber wahren Szenen am Rande des Geschehens »die alten Omas, die sich, noch nach Stunden mit rotweißen Fähnchen in den Händen, über den überraschenden Verlauf der Weltmeisterschaft 1954 unterhielten«.

Solche oder ähnliche Begebenheiten fehlten in keinem Bericht über die Weltmeister-Empfänge. Und wenn mal ein kritischer Ton einfloß, dann allenfalls in diesem ohnehin als ziemlich absonderlich ausgewiesenen Sektor. Ortswechsel. »Wir hatten nie geglaubt, daß die Essener Großmütter so sportbegeistert sind. Oder meinten sie auch nur den ›gewonnenen Krieg‹? Das stolze Gefühl, endlich mal als ganzes Volk ›vorne‹ zu sein?« (*Essener Tageblatt*)

Für die Berichterstattung, die sich der heimatlichen Rezeption der fußballerischen Ereignisse in der Schweiz annahm, waren die Frauen damit allerdings nicht ausgelastet. Zusätzlich kam ihnen die wichtige Aufgabe zu, eine

Prise Humor ins Spiel zu bringen. Nicht nur mangelndes Spielverständnis und fehlende Regelkompetenz von Frauen waren lustig, sie fielen auch durch eine unendliche Kette von kleinen Mißgeschicken im Umgang mit Fußballübertragungen wie richtigen Fußballern komisch auf. Eine Auswahl von Bonn bis München: »Völlig aufgelöst erschien eine junge Frau auf der Straße, um aus einem Zigarettenautomaten Nachschub zu holen. Sie hatte vor Aufregung während des Spiels die Knöpfe ihrer weißen Spitzenbluse demontiert. Eine Passantin macht sie freundlich darauf aufmerksam und behob den Schaden kurzerhand mit einer großen schwarzen Sicherheitsnadel.« (*General-Anzeiger*) »Eine Schwester auf dem Fahrrad winkte Max Morlock zu, kam vom Weg ab und fuhr freihändig in den Straßengraben.« (*Die Welt*) »Ecke Schwanthaler-Sonnenstraße hält ein Mann einen zierlichen schwarzen Damenschuh in die Höhe. ›Wem gehört der?‹ schreit er. Aber niemand meldet sich. Die Besitzerin muß vor Begeisterung und Freude den Verlust gar nicht bemerkt haben.« (*Süddeutsche Zeitung*)

Nicht vergessen wollen wir ... – solche Einleitung signalisierte wettsicher ein letztes Feld, auf dem im Sommer 1954 »König Fußball und die Frauen« (*Süddeutsche Zeitung*) zusammenkamen: die Spielerfrauen und -mütter, die man unter der unausgesprochenen Formel *Dem Fußball dienen* antreten ließ, um sie dem öffentlichen Mitgefühl anheimzugeben.

»Vergessen wir nicht, viele unserer Nationalspieler sind ja verheiratet! Es ist sowenig von den Fußballerfrauen die Rede, von ihren Sorgen, ihrer Hilfe, und wohl auch manchmal von ihrer Angst. Natürlich sind sie stolz auf ihre Männer, stolz auf ihre Erfolge. Aber wie oft müssen sie zurückstehen, wochenlang allein bleiben, wenn der Mann auf große Fahrt geht ...« Schon der *Kicker* wandelte sich kurzzeitig zum Familienjournal, was dann die Konkurrenz ermunterte, noch genauer hinzusehen. »Wie stehen sie jetzt im Mittelpunkt – die Männer unserer stolzen Fußball-

Nationalelf! Umschwärmt, gefeiert, verwöhnt. Aber ihre Frauen – wo bleiben die in diesen Tagen vereinsamten armen kleinen Fußballfrauen?« fragte *Bild* und berichtete aus dem Leben der deutschen Nationallinksaußen-Gattin. Frau Schäfer (»ganz allerliebst anzuschauen«) als Vorbild der weiblichen Hälfte der Nation und als Trost, daß es auch bei den Berühmteren nicht anders als sonstwo zuging: »Die Frau bringt ohne Worte Opfer. Sie hält nicht nur das durchschwitzte Trainingszeug und die ewig dreckigen Sportschuhe sauber. ... Die Frauen richten sich in ihrem Alltag nach den Trainingszeiten des Mannes, sie stellen sich in der Küchenarbeit auf seine Diätwünsche ein. Sie schlucken gelegentlich ein hartes Wort hinunter, um seine seelische Wetterlage, seine Freude am Wettkampf nicht zu beeinträchtigen.« Schäfers waren überall.

Auch der DFB wußte, wie es um die Familien der Nationalspieler bestellt war: »Verzichten müssen die Kinder auf den Vater, die Mutter auf den Sohn, die Frau auf ihren Mann.« Erfolge der Männer, gut und schön – »Ein Lob für ›ihn‹ wird sie stolz machen.« –, doch Aufregung und Entbehrungen waren damit nicht abgegolten: »Wer denkt an sie bei Verletzungen? ... Sie aber leiden den Schmerz mit, warten bangen Herzens auf Nachricht und zittern um die Gesundheit – nein, nicht des Mittelläufers oder linken Verteidigers, sondern des Mannes, des Vaters oder des Sohnes.« Und dann wurde jede geschichtssensible Deckung vernachlässigt und erst haarscharf vorm Mutterkreuz gestoppt: »Den Frauen und Müttern der Spieler gebührt Dank für ihre Opferwilligkeit, ihr Verständnis, für den Anteil, den auch sie am Siege haben.« (*Deutschland Weltmeister*)

Das Schicksal der Spielerfrauen war das Frauenschicksal der 50er: »Immer wieder stand über allem der Verzicht«, zugunsten größerer Ziele, deren Erreichen Männersache war. »Wenige Meter vom Omnibus entfernt steht Fritz Walter. Gerade drückt er Frau Italia einen scheuen Abschiedskuß auf die Lippen. Noch kann sie ihren Fritz nicht mitnehmen, noch spielt Deutschland im Konzert der Großen mit.« (*Deutschland Weltmeister*) Die Weltmeister-Frauen machten vor, daß man auch unter widrigsten Umständen an Ehemann und Familie festhalten und letztlich an dessen Erfolg partizipieren konnte.

Übermäßiger Fußballkonsum galt in den 50er Jahren, wie erfahrene Scheidungsrichter bestätigten, ohnehin als familienzerrüttendes Verhalten. Deshalb gelangte der Fußball als Thema ehestandsbesorgter Ratgeberliteratur auf die »Seite für die Frau« (*Süddeutsche Zeitung*). Nicht so sehr der Stadionbesuch in Begleitung des Mannes, so die Diagnose, belaste die Frauen, sondern die damit verbundenen polygamen Erwartungen: »Kritisch wird es erst, wenn man von den Frauen verlangt, sich für elf fremde Männer hinter dem runden Leder zu begeistern!«

Die Empfehlung: Die Männer müßten sich an die eigene Nase fassen. Nicht allein um den »Übersport« gehe es, »jene zur Hysterie ausgeartete Einseitigkeit mancher Männer«, sondern auch um den männlichen Fußballnormalverbraucher. Die machten sich in der Regel ebensowenig die Mühe, »ihre Frauen an der eigenen Begeisterung teilnehmen zu lassen«. Sie vergäßen, »wie anders es im Herzen einer Frau aussieht«. Dadurch begäben sich die Männer der Chance, Fußball, häuslichen Frieden und weibliche Zufriedenheit zu bekommen. Denn schließlich seien die Frauen erfahrungsgemäß auch extremeren männlichen Leidenschaften zugänglich; nur auf die Art und Weise komme es an: »Echtes Entgegenkommen darf fast immer auf ein Echo rechnen. Eine mit Liebe angeleitete Frau wird sich auch für Fußball, Radrennen und Boxen interessieren, so wie sie es gelernt hat, den dritten Mann beim Skat zu machen oder manchen Abend hinter dem Schachbrett zu verbringen.« Die Lösung aller Konflikte: »Darum brauchen wir verständige Gatten, die nicht jeden Sonntag draußen auf dem Platz verbringen, und wenn sie gehen, ihre Frauen zum Mitgehen auffordern und ihnen liebenswürdig und geduldig den Spielverlauf erklären. Aber wir brauchen auch kluge Ehefrauen, die im Sport nicht grundsätzlich ihren Feind sehen, sondern ein wenig Verständnis aufbringen für das, was ihre Männer so sehr begeistert.« Fußball als Herausforderung weiblichen Denkvermögens ...

Bei näherer Betrachtung hatte die Männerwelt die Hürden für die Fußballbräute gar nicht so unüberwindlich hoch ausgelegt. Die fußballerische Fachfrau war ja in Wahrheit gar nicht verlangt. Gefragt waren »Frauen, die sich nicht für Fußball, aber für Fußballhelden begeistern können« (*Düsseldorfer Nachrichten*).

Und Fußballhelden, das waren schließlich fast alle.

»Eine Ehre, für Deutschland zu spielen«

PRÄMIENREGELUNG

Es waren ungleiche Gegner, die im Finale von Bern gegeneinander antraten. Der provokanten Lebensart der ungarischen Spieler entsprach eine für damalige Verhältnisse horrende Siegprämie. Die Budapester Arbeiter leisteten Sonderschichten zu Ehren ihrer Mannschaft (*Rheinischer Merkur*). Gleichzeitig druckte *Bild* Gerüchte, »daß jeder dieser ungarischen Amateurspieler im Falle eines Endspielsieges 70 000 DM erhalten soll«. Und das sei längst nicht alles. »Was sie außerdem an Nylons, Unterwäsche und Uhren mitnehmen, bleibt abzuwarten.« Die Deutschen dagegen hatten in einer Sonderbesprechung vor dem Finale jede Extrazuweisung abgelehnt, »weil es für sie eine Ehre sei, für Deutschland zu spielen« (*Deutschland Weltmeister*).

Daß solche Bekenntnisse einer materiellen Entlohnung entgegenstehen könnten, kam nach dem Sieg in Bern vielen Deutschen nicht in den Sinn. Vielmehr wurden die Spieler bereits auf ihrer Rückreise mit Präsenten geradezu überschüttet. »Geschenke-Segen über unsere Weltmeisterelf«, berichtete der *Kicker*.

Der Rote Blitz verwandelte sich auf seiner Tour von Spiez nach München in eine »Mischung aus Blumenladen und Warenhaus« (*Coupe Jules Rimet*). Bei jedem geplanten wie unfreiwilligen Halt hagelte es Geschenke – kommunale Vertreter und Normalbürger überreichten, was ihnen einfiel oder passend erschien, kulinarische Erzeugnisse der Region wurden dargeboten, ortsansässige Industrien verschenkten Musterkollektionen ihrer Produktion. Die Präsenteliste summierte sich zu einer Art Versandhauskatalog, dessen Umfang durchaus teilidentisch mit der den Ungarn untergeschobenen Schmuggelware war: goldene Uhren hatte die FIFA beiden Finalisten geschenkt, Strümpfe wurden irgendwo in den Zug gereicht, und Unterwäsche für alle spendierte die Firma Schiesser.

Darüber hinaus fanden sich ein Fußball aus Alpenrosen, Schokoladenpackungen, Riesentorten, Blumen, Bonbonnieren, Bücher, Ölgemälde, ein halber Zentner Käse, Maggi-Brühwürfel und Ravioli, Porzellanfiguren jedweder Art, Aschenbecher, Pralinen, Wein- und Cognacflaschen, Kuhglocken und und und, »zahllose, rührende Beweise von Liebe und Anerkennung« (*3:2*).

Der Strom an Geschenken riß auch nach dem Triumphzug nicht ab. Kühlschränke, Nähmaschinen, Hüte, Regenmäntel, Reisetaschen, Tourenräder, sechs Monate lang täglich einen halben Liter Freimilch für alle Spieler und den Trainer, zwölf Monate Bier frei Haus für jeden Akteur, Pokale, Kronleuchter, Rundfunkgeräte, Geschirr, Tischdekken, Taschentücher, Urlaubseinladungen nach Baden-Baden, Timmendorfer Strand, Wiesbaden ..., Teppiche, so ziemlich jede Art von Auszeichnungen, Ehrennadeln, Ehrenbürgerschaften, Eintragungen in Goldene Bücher ... Helmut Rahn erhielt in Essen ein Bowle-Service, den beiden Hamburgern Posipal und Laband stiftete ihr Arbeitgeber eine Lambretta.

Mit den allerwenigsten Geschenken verband sich die Absicht, die Weltmeisterelf als Werbeträger einzuspannen. Daß sich die Helden von Bern zur Produktwerbung eignen könnten, war jedenfalls kein sehr verbreiteter Gedanke, von kurzlebigen Ausnahmen abgesehen: »Auch Toni Turek frisiert sein Haar mit Brisk. Er sagt daher aus Erfahrung: Mit Brisk bleibt mein Haar immer in Form.« Die Nationalspieler – Berni Klodt hatte sich ebenfalls öffentlich zu seiner Frisur bekannt – mußten sich auf Intervention des Bundestrainers aus der Werbeaktion zurückziehen.

Auch wenn die Herberger-Elf jede Menge Wirtschaftswundertugenden verkörperte – Einsatz, Kampfkraft, Entsagung, Disziplin, Teamgeist, die Fähigkeit, ein Turnier inklusive auftretender Durststrecken durchzustehen ... –, als Vorbild und Ansporn in diesem Sinne mußte das Team den Deutschen nicht gesondert präsentiert werden. Die Mannschaft, die den Nachweis erbracht hatte, »daß 22 Mann so fest zusammenhalten und das Blaue vom Himmel herunterholen, wenn es darauf ankommt« (*3:2*), bekräftigte nur, was sich gesamtgesellschaftlich längst durchgesetzt hatte – zumal sich Konzentration auf die Wiederingangsetzung der Ökonomie und Flucht aus der Verantwortung für das vor 1945 Geschehene ganz offensichtlich prächtig ergänzten. Pioniere des Wirtschaftswunders waren andere. Ihnen hatten die Mannen von Bern nur eines voraus – sie waren schon Weltspitze.

Nur dort, wo mit unterschiedlich großer Gewißheit vermutet werden durfte, daß die deutschen Weltmeister der deutschen Wunderwirtschaft zusätzlichen Schwung verliehen hatten, gab es Ansätze, sich in etwas professionellerer Manier erkenntlich zu zeigen. Die Firma Glas (Goggomobil) organisierte zusammen mit der Stadt Dingolfing einen ganztägigen Empfang für die Weltmeisterelf und den Trainer, mit der Übergabe eines Motorrollers (»zwölf rote Luxusroller« plus grüne Sturzhelme [*3:2*]) als Höhepunkt der Veranstaltungsreihe.

Dankbarkeit war in der Tat angebracht. Denn die Weltmeister hatten zumindest indirekt zur rasend schnellen Verbreitung des Ideals individueller Mobilität und damit auch zum Firmenerfolg beigetragen. Zu den Weltmeisterschaftsspielen der deutschen Elf reisten viele deutsche Schlachtenbummler mit dem eigenen Auto an, ein Vorgang, den Radioreporter und Journalisten an die Daheimgebliebenen rückmeldeten. Hinweise auf einen friedlichen deutschen Einmarsch eroberten die Tagesordnung – und der gemischten Gefühle aller Betroffenen wurde durchaus gedacht: »Den braven Basler Polizisten war am Mittwoch ein gehöriger Schreck in die Glieder gefahren, als eine förmliche Invasion deutscher Schlachtenbummler ihre

Stadt überflutete. Alles hatte man erwartet, aber nicht, daß mitten in der Woche über 30 000 aus Deutschland kommen würden«, berichtete der *Kicker* vom Halbfinale Deutschland gegen Österreich. Daß die Schlachtenbummler zum Großteil mit dem Auto gekommen waren, erfuhr das deutsche Publikum dann spätestens im Verlauf der Rundfunkreportage von Kurt Brumme: »Immer wieder sahen wir lange Autokolonnen, als wir nach Basel hineinfuhren. Die Schweizer Wagen fuhren hinaus, die deutschen hinein. Das war klar, denn sonst hätten die vielen deutschen Wagen gar keinen Platz in Basel gehabt.«

Über wesentlich direktere Stimulanz als die Automobilindustrie konnten sich natürlich die Fernseherproduzenten bei der Weltmeisterelf bedanken. Etwa eine Million Deutsche, so lautete die nachträgliche Hochrechnung, machten während der Fußballweltmeisterschaft zum ersten Mal Bekanntschaft mit dem Medium Fernsehen. Doch schon zuvor hatte es einen regelrechten Ansturm auf die Geräte gegeben. »Drei Firmen (Telefunken, SABA und Mende) setzten ihre gesamten Lagerbestände ab, Philips 1000 Tischgeräte in vierzehn Tagen. Die NWDR-Leute, beglückt von dem unverdienten Segen, verkündeten: ›Jetzt hat das Fernsehen wirklich begonnen.‹« (*Der Spiegel*)

Die Werbung, die etwa SABA für sein Modell Schauinsland im *Kicker* plazierte (»Fußballweltmeisterschaft – Mit dabei ...? Auch sie können am unmittelbaren Geschehen dieser mit Spannung erwarteten Großereignisse teilhaben! SABA-Schauinsland WIII – ein Schwarzwälder Qualitätserzeugnis – enthebt sie jeder Karten- und Wettersorgen.«), wurde mit Beginn der Weltmeisterschaft zurückgezogen. Eine über das vorhandene Maß hinausgehende Nachfrage wäre gar nicht zu bewältigen gewesen.

Doch nicht nur die Steigerung der Absatzzahlen machte den Erfolg aus. Es wurden zudem Hemmschwellen und Vorurteile überwunden: »Die Feinde Amerikas und des Fernsehens schleichen heimlich aus den guten Stuben in ein Fernsehcafé oder drücken ihre Nase demokratisch platt an Schaufensterscheiben. Jeder will wissen, wie das ist, wenn man entweder vierter oder zweiter Weltmeister wird«, vermeldete die *Süddeutsche Zeitung*.

Im Vergleich dazu fiel die Gratifikation der Fernsehindustriellen für die Weltmeistermannschaft mehr als bescheiden aus. Die Hersteller stifteten je einen Empfänger inklusive Antenne und Installation für die Nationalspieler. Die Apparate wurden in Bonn unter den Helden von Bern verlost – selbstverständlich im Beisein des Fernsehens, das daraus eine halbstündige Sendung machte: Innenminister Schröder mußte seine Ansprache gleich doppelt halten, beim ersten Mal hatten die Kameras gefehlt, und anschließend wurden ganz früher Talkshow-Nationalspieler und Fernsehindustrielle im Gespräch gezeigt.

Kleinere Leute waren – im Verhältnis betrachtet – wesentlich großzügiger als die Industrie. Ein Leserbrief an die *Süddeutsche Zeitung*: »Sie finden anbei zwei Mark, die sie der siegreichen Elf von Bern übermitteln wollen. Ich halte es für meine Pflicht, die Dankbarkeit besser als mit großen Worten zu beweisen und würde mich freuen, wenn Sie im Rahmen einer großen Sammlung diesem einen Stundenlohn noch viele viele andere hinzufügen könnten.« Die Spendenfreudigkeit nahm sprunghaft zu, als die Gefahr im Raum stand, daß Fritz Walter und andere Berner Heroen Auslandsangebote annehmen könnten. Diejenigen, die in entsprechenden Verdacht gerieten, wurden nicht etwa als unzuverlässige Elemente einer allgemeinen Demontage preisgegeben. Vielmehr zeigte sich, daß der Sinn fürs Materielle im Wirtschaftswunderland trotz anders getünchter Fassade im Begriff war, die nationalen Integrationsmuster abzulösen. Auf die Überzeugungskraft der Nation war kein unbedingter Verlaß mehr, wie ein Anruf aus einem Hamburger Großbetrieb bei *Bild* zeigte: »Unser ganzer Betrieb ist sich einig. Wir wollen für Fritz Walter und seine Kameraden sammeln. Keiner will sich ausschließen. So denkt ganz Deutschland. Unser Fritz darf nicht auswandern!«

Dabei handelte es sich keineswegs um einen Einzelfall. Vor allem die Boulevardpresse schien Gefallen daran gefunden zu haben, die Forderungen nach einem Solidarpakt zugunsten der Fußballer zu verbreiten. Zwei *Bild*-Leserbriefe: »Helft unserem Weltmeisterschafts-Kapitän Fritz Walter. Dieser begnadete Spieler muß Deutschland erhalten bleiben. Ruft offiziell zu einer großen Spendenaktion auf. Es sollte doch möglich sein, die von Italien angebotenen 700 000 DM zusammenzubringen und darüber hinaus noch einige Tausend mehr. Einen 5-DM-Schein lege ich bei.« – »Unser Fritz darf nicht auswandern, es dürfte überhaupt keiner von Deutschland fortgehen. Man müßte den Prachtkerlen doch eine Freude machen können. Wie wäre es mit einer Haussammlung?« Die Aufmerksamkeiten galten dabei längst nicht ausschließlich dem Kapitän. Die komplette Mannschaft sollte, so andere Vorschläge, für ihre Leistungen bezahlt werden; ein zeitgenössischer Vorschlag wollte jedem Tototipper bei der nächsten Ausspielung einen Groschen zusätzlich in Rechnung stellen.

Später offenbarte der Nationalmannschaftskapitän die allererste Auslandsofferte. 1951, nach dem Sieg des FCK im Endspiel um die Deutsche Meisterschaft, hatte Atletico Madrid 225 000 Mark »in jeder gewünschten Währung« für zwei Jahre geboten – »Italia und ich schauten uns überwältigt an.« Doch Fritz Walter entschied sich anders: »Noch hallte in meinen Ohren der Jubel nach, mit dem Kaiserslautern seinen neuen Deutschen Meister empfangen hatte. Meinen Verein! Ja, so sentimental war ich, mag man es verstehen oder nicht.« (*Der Chef*) Von Deutschland kein Wort ...

Anderen ging es nicht anders. Daß die nationale Ehre allein ausreichen sollte und könnte, die Nationalspieler zur Seßhaftigkeit in Deutschland zu bewegen, fanden immer weniger überzeugend. Umgekehrt setzte sich nach und nach die Ansicht durch, daß die Fußballspieler entsprechend ihren Leistungen und Verdiensten bezahlt werden sollten, was nicht der Fall zu sein schien. Wenn dem Düsseldorfer Autobesitzer Toni Turek die Garagenmiete ermäßigt wurde und in Kaiserslautern zum Tankstellenbesitzer Ottmar Walter der Reim kursierte »Willst Du unserm Ottmar danken, mußt Du kräftig bei ihm tanken«, so zeugte dies vom Stimmungswandel im Wirtschaftswunder.

Doch nicht überall wollte man die Zeichen der neuen Zeit wahrhaben.

Zweite Halbzeit

»Am Brunnen vor dem Tore«
ERSTE GEGEN DRITTE STROPHE

Siegerehrung in der Schweiz. Fritz Walter nimmt die Trophäe, den Coupe Jules Rimet, entgegen. »Und dann spielt die Berner Stadtkapelle ein Lied, das alle Deutschen von den Sitzen reißt: aus 25 000 Kehlen braust dankbar das Deutschlandlied in den regnerischen Himmel über der Bundesstadt Bern.« (*Das Spiel ihres Lebens*) Passend zum Anlaß mußte auch der Abschluß rekordverdächtig sein. »Noch nie wurde dieses Lied von Fußballzuschauern mit solcher Begeisterung und solchem Stolz gesungen.« (*Wie wir Weltmeister wurden*) Und unzählige in der Heimat, so die Standardergänzung, stimmten laut oder »im Herzen« ein.

Was da dankbar brauste – ein im übrigen zeitgenössisch geradezu zwanghaft auftauchendes Verb, sobald die Rede auf Hymnen und Helden kam – war selbstverständlich die erste Strophe. Einigkeit und Recht und Freiheit hatten gegen Deutschland, Deutschland, über alles nicht den Hauch einer Chance.

Hüben wurde mit ausgestrecktem Zeigefinger behauptet, der DDR-Deutschlandsender habe sich, als die richtige Hymne gespielt und der falsche Text vernehmlich gesungen wurde, Hals über Kopf aus Bern verabschiedet; drüben wies man – mit Recht – darauf hin, daß man nur zweiter Sieger gewesen sei: »In welchem Maße sich der Chauvinismus wenige Minuten nach Abpfiff des Spieles auszutoben begann, das erkannten als erste die Verantwortlichen des Schweizer Rundfunks. Sämtliche Sender brachen die Übertragung ab, als das berüchtigte ›Deutschland, Deutschland über alles ... Von der Maas bis an die Memel, von der Etsch bis an den Belt‹ erklang. Es läßt sich leicht denken, wie diese Worte erst auf jene Menschen wirken mußten, denen unter diesen Klängen Söhne, Töchter, Mütter und Väter ermordet wurden, denen der letzte Krieg weit mehr Unheil brachte als der Schweizer Bevölkerung«, kommentierte das *Neue Deutschland.*

Wenn denn die Beobachtung des Bonner *General-Anzeigers* stimmte, daß »selbst die vielen Tausend Gäste aus Italien, Frankreich, England, Spanien stumm vor Ergriffenheit wurden«, als das Deutschlandlied »aufbrandete«, und ihnen nicht doch eher der Schreck in die Knochen gefahren war, so hielt die Sprachlosigkeit jedenfalls nicht sehr lange vor. Der Gesang der deutschen Fans fand internationalen Widerhall, und das Echo dürfte dem des eigentlichen Ereignisses nicht sonderlich nachgestanden haben.

Das Bekenntnis zu Deutschland, Deutschland über alles war nicht der erste Anlauf deutscher Fußballnationalisten, unangenehm aufzufallen. Schon nach dem Auftaktsieg gegen die Türkei hatten sich einige vor den Spielerkabinen zu demonstrieren bemüht, daß sich knapp unter der Oberfläche wenig geändert hatte. »Sie warten unentwegt auf ihre Lieblinge, brechen – als sie endlich erscheinen – in den bei den Olympischen Spielen 1936 geübten Schlachtruf aus: ›Ra, ra, ra, Germania!‹« (*Deutschland Weltmeister*) – ringsum dürfte die Freude groß gewesen sein.

Nun blieb Bern nicht die unrühmliche Ausnahme, vielmehr exemplifizierte es den hymnischen Normalfall. Von der Ankunft in Singen bis zum Empfang in Kaiserslautern – überall das gleiche Musikprogramm, sieht man davon ab, daß hier und dort auch noch der vormalige Marsch der Luftwaffe und ähnliches zur Wiederaufführung gelangte: »Die fünf Fußballer standen in ihren Wagen, mit einem Schlag waren alle Hüte verschwunden, und begeistert sang die Menschenmauer die alte und ewig junge Nationalhymne ›Deutschland, Deutschland über alles, über alles in der Welt‹.« (*Pfälzische Volkszeitung*). Landauf landab drehte man dem wiedergewählten Kanzler eine Nase, der entgegen seines ansonsten ausgeprägten Mißtrauens dem deutschen Volk gegenüber in puncto Hymne auf Einsicht und Realitätssinn der Westdeutschen gesetzt hatte: »Die erste Strophe ist ja so antiquiert, daß sie wirklich kein halbwegs vernünftiger Mensch mehr singen kann.« Doch da lag der Alte daneben.

Die erste Strophe des Deutschlandliedes, »dieser unerwünschte, aber offenbar nicht auszurottende Text« (*Die Welt*), erlebte am 4. Juli und in den darauffolgenden Tagen unversehens eine Wiedergeburt, wie sie grandioser nicht hätte sein können. Hunderttausendfach wurden die frommen, mithin entsprechend formulierten Wünsche widerlegt, »es möchte die Nation die Kraft zur Erforschung ihrer selbst nicht zu früh erlahmen lassen, ehe sie das alte Lied, das so lange in Fesseln geschlagen war, mit befreitem Sinn wieder anzustimmen wagte« (*Die Gegenwart*). Eigentlich durfte es niemanden so recht wundern, wenn viele da nur *Fesseln* verstanden und die Berner Feierstunde mitsamt deren Ausläufern zu Befreiungsaktionen nutzten. Der Erfolg war durchschlagend. Ging es um den Hymnentext, schienen sich selbst die ansonsten eher Einsichtigen auf die Seite derer zu schlagen, die Vorbehalte grundsätzlicher Art gegen die neue Westrepublik hegten.

Der Bundespräsident war im Streit mit Adenauer um die Hymne der Bundesrepublik unterlegen. Theodor Heuss hatte eine nagelneue haben wollen, Adenauer die alte mit neuem, wenn auch altem Text durchgesetzt. Den nationalistischen Strömungen sollte, so der Kanzler, nichts geschenkt werden, weshalb ihnen auch nicht Hoffmann von Fallersleben in die Hände fallen dürfe.

Zudem verfügte Adenauer über wohlinformierte Zuträger in den Sportarenen der Republik. Deren leidige Erfahrungen in der Hymnenfrage flossen in eine Diskussion mit den Hohen Kommissaren im Jahre 1950 ein: »In Berlin waren im Laufe der letzten Monate zwei große internationale Sportveranstaltungen. Es sind die Nationalhymnen aller Völker gespielt worden, die vertreten waren. Als nun die Deutschen an die Reihe kamen, hat die Musik gespielt: ›In München steht ein Hofbräuhaus‹.« Adenauer hatte ein weiteres Beispiel parat: »Im vorigen Sommer war im Kölner Stadion ein großer Wettkampf zwischen Belgien und Deutschland. Es wurde die belgische Nationalhymne gespielt. Alles stand auf und salutierte. Nun kamen die Deutschen an die Reihe. Der Kapellmeister spielte – ob aus eigener Eingebung, weiß ich nicht: ›Wir sind die Eingeborenen von Trizonesien‹. Die Belgier haben gemeint, das sei die deutsche Nationalhymne und haben salutiert. Durch solche Vorgänge wird natürlich die Bundesrepublik in den Augen der Deutschen selber etwas lächerlich gemacht. Das ist eine Gefahr, die man nicht unterschätzen darf.«[16]

Dann doch schon lieber das überall geläufige Lied, wobei der Kunstgriff des Strophentauschs den französischen Kommissar André François-Poncet von Anfang an nicht zu überzeugen wußte. Seiner Ansicht nach machte die Musik den nachhaltigsten Eindruck, was für den deutschen Fall hieß: »Man ist nicht sicher, daß es sich um die dritte Strophe handelt. Aber man ist sicher, daß es das Deutschland-Lied ist, das gesungen wird.« Was in Bern durchs Stadionrund brauste, war jedenfalls unmißverständlich.

Bei der Mehrzahl der deutschen Berichterstatter gingen die erste Strophe von Bern und Wiederholungsfälle andernorts völlig unbeanstandet durch. Kein Wunder, denn auch Teile der schreibenden Zunft erwiesen sich in dieser Frage als nicht unbedingt sattelfest. Der Korrespondent der *Süddeutschen Zeitung* war dabei: »Das Deutschlandlied erklang zu Ehren des Siegers. Einige Journalisten, die in den Chor der begeisterten Schlachtenbummler einfielen, mußte ich ermahnen ›die dritte Strophe bitte‹. Obwohl das ›über alles‹ in bezug auf die Fußball-Weltmeisterschaft noch seine leise Berechtigung gehabt hätte.«

Weil aber das Ausland erst hellhörig geworden war und sich anschließend zu Wort meldete, setzten hier und dort volkspädagogische Bemühungen ein, um zumindest Nachahmungstaten vorzubeugen. Die *Süddeutsche Zeitung* veröffentlichte »für künftige Länderspiele« den Text der dritten Strophe. Im Berliner Olympiastadion, wo die Nationalmannschaft den Silberlorbeer erhalten hatte, ging der in der Liederfrage engagierte Bundespräsident auf Nummer sicher. Bevor die Nationalhymne die Veranstaltung beschloß, mahnte er, »in dieser alten und kommenden Hauptstadt Deutschlands alles unter dem großen vaterländischen Aspekt, der Zerrissenheit Deutschlands zu sehen«, was offenbar als Grund ausreichend erschien, um den anwesenden 80 000 die Einigkeit-und-Recht-und-Freiheit-Verse vorzusagen – mit schönem Erfolg: »Diesmal gab es keinen, der den Text verwechselte.« (*Bonner Rundschau*)

Die deutschen Leserbriefseiten hingegen waren Orte eines ebenso hinhaltenden wie unbelehrbaren Widerstandes. Dort meldeten sich jene zu Wort, die im Strophenstreit eine Art Endkampf um die letzten Überbleibsel deutschen Selbstbewußtseins wähnten. Entsprechend ausgerüstet schritten sie zur Verteidigung gefährdeter Bastionen. Der *Süddeutschen Zeitung* jedenfalls wurde die Hymnen-Nachhilfe übelgenommen: »Es gibt zweifellos viele Deutsche, die Nationalgefühl mit Überheblichkeit verwechseln. Was sie zu leisten vermögen, ist uns gut bekannt. Aber es gibt auch eine beachtliche Anzahl Deutscher, die nicht zu unterscheiden vermögen zwischen der Bereitschaft zur Verständigung mit den anderen Völkern, bzw. einer gewissen ›internationalen Bescheidenheit‹ und einer sehr peinlich wirkenden nationalen Würdelosigkeit. Solche Leute stellen an ihre deutschen Mitbürger Anforderungen, die in jedem anderen Volk der Welt unmöglich wären. Sie schießen weit über das Ziel hinaus, und der Effekt besteht darin, daß sie sich ins Unrecht setzen. Ich glaube, daß wir niemand fragen müssen, ob wir diese oder jene oder gar keine Strophe des Deutschlandliedes singen. Das ist ausschließlich unsere Sache. Unsere Freunde im Ausland werden uns darin zustimmen, unsere Feinde werden wir dadurch nicht bekehren. Hinzu kommt, daß 90 Prozent aller Deutschen die dritte Strophe nicht kennen und auch nicht bereit sein dürften, sie aus Ihrer Zeitung auswendig zu lernen.«

»Es war eine Torheit«, ging ein *Spiegel*-Leserbrief zur Sache, »uns die dritte Strophe des Deutschlandliedes aufzuerlegen. Wenn man die erste Strophe nicht wollte, hätte man uns eine andere Nationalhymne geben müssen. Es ist entwürdigend, den Text einer Nationalhymne ›umzulernen‹, weil er zu anstößig ist. So etwas kann man nur mit Deutschen veranstalten.« Wie zäh man allen demokratischen Übungen zum Trotz daran festhielt, ein – mit Ausnahme des allein deutscher Tüchtigkeit geschuldeten Aufschwungs – komplett fremdbestimmtes Land zu sein, war schon bemerkenswert.

Die Zitate geben freilich eher extreme Positionen im Streit zwischen erster und dritter Strophe wieder. Mehrheitlich hieß es, man könne die ganze Aufregung nicht verstehen, da ja nichts passiert wäre – entweder, weil doch nur *die Hymne* gesungen worden sei, oder weil die Verwechslung der Strophen ein nicht ahndungswürdiges Bagatelldelikt darstelle.

Einer von vielen: »Auch jedem anderen Sieger wäre seine Nationalhymne vorgespielt worden. Wer aber will den Beweis antreten, daß eine andere Siegernation, in derselben Stärke an Zuschauern vertreten, nicht ebenfalls spontan ihre Nationalhymne angestimmt hätte? Wobei ich nur nebenbei erwähnen will, daß schon öfters darauf hingewiesen wurde, daß doch unsere Nationalhymne eine der harmlosesten überhaupt ist.« (*Süddeutsche Zeitung*) Hinweise auf die »blutrünstige« Marseillaise mehrten sich. Im *Spiegel* war die Meinung zu lesen, daß patriotische Kundgebungen wie das Absingen einer Hymne sowie »mehr oder weniger gelungene Festbratenreden« im Überschwang der Freude »das ausgleichende Ventil« und somit »wohl verständlich« seien – der Einleitung zum Weiterdenken folgend, stünde weit Schlimmeres zu befürchten, sollten die patriotischen Ventile fehlen.

Doch nicht nur Volkes Stimme zeigte sich uneinsichtig. Es gab durchaus redaktionelle Unterstützung, im regelrecht ungehaltenen *Hamburger Abendblatt* etwa: »Muß man denn wirklich noch sagen, zum tausendsten Mal sagen, daß ›über alles‹ nichts anderes bedeutet, als daß wir Deutschland über alles lieben, genau wie die Franzosen Frankreich über alles lieben. Jedermann von einigermaßen gutem Willen hätte sich die Begeisterung der Deutschen in Bern ganz natürlich erklären können.«

Geradezu provozierend naiv kamen Versuche daher, den Berner Gesangverein nachträglich zu entschuldigen. »Das war nicht ein von König Fußball etwa wieder entflammter Nationalismus; bei vielen bestimmt nur das schlechte Gedächtnis für unsere Nationalhymne«, war dem *Tagesspiegel* zu entnehmen – als wenn es nicht exakt um deutsche Amnesie gegangen wäre. Auch einem weiteren Einwand an gleicher Stelle fehlt die Überzeugungskraft, allerdings leuchtet er – offenbar für schlagkräftig gehalten – die Dimension des Problems aus: »Nach dem ohrenbetäubenden Jubelschrei beim Abpfiff des Schiedsrichters Ling kam dieser Gesang als Ventil für die übergroße Freude gerade recht. Sicher hätten die 20 000 ›Der Mai ist gekommen‹ oder ›Am Brunnen vor dem Tore‹ ebenso leidenschaftlich gesungen.« Die Über-alles-Kritiker befürchteten, daß als Folge nationalen Überschwangs nicht nur altes Sangesgut wieder zum Einsatz kommen könnte; der Hinweis, daß den Deutschen das eine Lied wie das andere sei, trug da naturgemäß nicht zur Beruhigung bei.

Den Vogel aber schoß die Düsseldorfer *abz-Illustrierte* ab, die sich an einer Rundum-Argumentation versuchte. Zuerst in Sachen Überlauf: »Die Reaktion der Besucher nach einer Stunde [?!] voll Spannung und Miterlebens ist begreiflich; bei allen Menschen sucht die Hemmung der Gefühle eine Auslösung, wenn der Augenblick der Freude und Befriedigung gekommen ist. Was also, das muß man fragen, hätten die deutschen Besucher machen sollen, um ihrer Freude Ausdruck zu geben? Etwa schweigen?« Es folgte die Proklamation der Sangesfreiheit des einzelnen: »... da gibt es in Deutschland selbst eine ganze Reihe von superklugen ›Präzeptoren [!] Germaniae‹; eilfertig machen sie die Mißgunst der anderen zum eigenen Eifer, indem sie erklären: Ja, singen hätten die deutschen Besucher schon dürfen. Auch das Deutschlandlied hätten sie singen können; aber wenn schon Deutschlandlied, dann bitte die dritte Strophe! Diese komische Nach-dem-Rathaus-Weisheit läßt einige Gegenfragen zu: Wer kann in solchem Augenblick den Massen vorschreiben, welche Strophe sie wählen sollen?« Und zuletzt der erstaunliche Hinweis, daß auch die korrekte Strophenwahl keinen Deut besser angekommen wäre: »Aber wäre die Mißgunst der anderen damit beseitigt worden? Wie heißt doch der Wortlaut der dritten Strophe? ›Einigkeit und Recht und Freiheit / für das ganze [!!] deutsche Land.‹ Für das ganze deutsche Land? Man hört schon die Franzosen ...« – Ein Hinweis, wie es zu der eigenwilligen Textfassung gekommen sein könnte, fand sich ein paar Zeilen später: »Die dritte Strophe kennt kaum ein Mensch ...«

Schließlich war da noch der praxisgetestete Letztbeweis, um den Vorwurf deutschen Chauvinismus' ad absurdum zu führen, der sich aber eher als Teil des Problems denn als Lösung entpuppte: »... als ein gewitzter deutscher Sportjournalist zwei Tage nach Bern einige seiner ausländischen Kollegen nach der dritten Strophe ihrer Nationalhymne fragte, stotterten sie verlegen wie Schulbuben, die ihre Hausaufgaben nicht gelernt hatten. Und sie merkten, daß das ›politische Haar‹ in der sportlichen Suppe von Bern auch ihr eigenes war.« (*Der Tagesspiegel*) Kaum vorstellbar, daß keiner der angeblich düpierten Kollegen auf den Einwand gekommen sein sollte, daß es um den richtigen Hymnentext und nicht um dritte Strophen gehe ...

In diese Argumentationslinie paßte auch eine aus Allensbach kommende Entwarnung. Gefragt nach der geographischen Lage jener in der ersten Strophe besungenen Gewässer antworten völlig falsch oder gar nicht bei der Maas 59 Prozent, der Memel 55, der Etsch 79 und dem Belt 77 Prozent – für den ironiebegabten *Spiegel* der schlagende Beweis, »daß die Mehrheit beim Absingen der Nationalhymne zu den vom Ausland befürchteten pangermanistischen Regungen« schon wegen erdkundlicher Defizite nicht verführt werden könne.

Selbstkritische Stimmen blieben die Ausnahme, doch stellten sie sich immerhin, unter anderem in der *Süddeutschen Zeitung*, ein: »Aber dann wurde es mir doch zwiespältig ums Herz, als es da plötzlich aus dem Lautsprecher so trutzig und herausfordernd, wie man es seit langer, langer Zeit nicht mehr gewohnt war, heraushörte: ›Deutschland, Deutschland ...‹ – Gewiß, das ist so der Brauch, aber was hat eigentlich in einem Sportstadion eine solche hymnisch-nationale Apotheose zu suchen, die jede Begeisterung über eine sportliche Leistung mit einem Schlag in eine nationale Siegesfeier umwandelt. Kämpfte nun die deutsche Mannschaft um internationale Titel und Trophäen, oder kämpfte sie für Deutschland und die deutsche Ehre, die also von nun an nach jedem Anstoß zu einem Länderspiel von neuem ›auf dem Spiel‹ steht? Würde man nach einem großen Tusch nicht freier applaudieren? Sie haben sicher etwas Ähnliches empfunden und die 3. Strophe des Deutschlandliedes in Erinnerung gebracht. Ich fürchte, daß das überhaupt vergeblich war in einer Zeit, in der wir also die besten Fußballer, die schnellsten Autos, die tüchtigsten Ingenieure, die fleißigsten Arbeiter, die tonangebenden Staatsmänner haben – und in naher Zukunft wohl auch wieder die besten Soldaten, die schneidigsten Flieger und – ein Alptraum! – die überheblichsten Prahler haben werden.« So weit, so gut. Aber in der Fortsetzung des Gutgemeinten offenbarte sich ebenfalls mangelnde Textsicherheit: »Wieviel leichter läßt sich da singen: Deutschland über alles! –

als Einigkeit – die eine immerwährende Anstrengung fordert – und Recht – nämlich das Recht, das die Frucht der Wahrhaftigkeit, Vorurteilslosigkeit und Selbstzucht ist – und Freiheit – die jeder zunächst für sich selbst zu gewinnen und zu verteidigen hat – sind des Deutschen Vaterland.«

Die Mehrheit sah das anders. Da gab es den Breitensport der Ahnungslosigkeit, dem Endspielreporter Herbert Zimmermann hätte vorturnen können: »Und wir sehen auch die Fahnen und Wimpel der brasilianischen Zuschauer. Niemand findet etwas dabei. Warum ist man wohl immer bei uns Deutschen so argwöhnisch?« (*Coupe Jules Rimet*) Das Ehepaar Mitscherlich attestierte seinen Landsleuten noch Jahre später eine auffallend linkische Art in Sachen Takt und Geschmack.

Dem *Spiegel* schien der Hang zur ersten Strophe Indiz, daß es hinter den Fassaden einer sich einrichtenden Bonner Demokratie möglicherweise anders aussehen könnte: »Es klappt alles vorzüglich bei uns. Wir wählen den Bundespräsidenten in Berlin, wir feiern den 20. Juli und den 17. Juni, wir flaggen fast jeden zweiten Tag. Wir strapazieren die Immunität, wir schaffen Privilegien, wir fahren mit Standern und blauem Licht, wir fordern Diplomatenpässe und Schilder ›Corps diplomatique‹ für die Abgeordneten. Nur den neuen Text der alten Hymne wollen die Leute nicht lernen.« Die Gefahren lauerten angeblich *unten* in der Gesellschaft. »Die moralischen Auffassungen eines Volkes bilden sich nicht so rasch wie die seiner Festredner«, schrieb Jens Daniel alias Rudolf Augstein.

So eindeutig lagen die Dinge nicht.

»Die Fahne im Herzen«
FLANKENLÄUFE ÜBER RECHTS

»Am Abend gingen die Wogen des Frohsinns und der Gemütlichkeit hoch im Löwenbräukeller«, heißt es in der deutschen Ausgabe des offiziellen Weltmeisterschafts-Erinnerungsbuches. Die Feier am 6. Juli 1954 war Teil des Münchner Empfangs für die frischgebackenen Fußballweltmeister. Und bei dieser Gelegenheit kam es zu einer der resonanzstärksten Reden, die amtierende DFB-Präsidenten je zum besten gaben.

Man hätte es wissen können. Als Dr. Peco Bauwens 1949 zum Vorsitzenden des wiedergebildeten DFB gewählt wurde, durfte er den politischeren Teil seines Programms im *Spiegel* bekanntgeben: »Der Deutsche Fußball-Bund sollte sich dem Dienst am Menschen widmen. Er will es mit besonderer Kraft tun, wenn seine Mannschaften wieder einmal über die deutschen Grenzen hinausgehen und mit anderen Nationen in Sportverkehr treten. Ich glaube, daß es bald geschehen wird. Das werdende Europa braucht den Sport als Mittler seiner Bestrebungen, und der Sport braucht das werdende Europa. Wir haben draußen wieder viel gutzumachen. Die anderen aber auch einiges an uns. Wenn unsere Jugend in fremde Länder geht, soll und braucht sie es nicht mit niedergeschlagenen Augen zu tun. Sie hat die lautersten Absichten, denn wir wollen in die sportliche Völkerfamilie eintreten als Menschen, die das Recht für sich in Anspruch nehmen, gute Deutsche sein zu dürfen, um gute Europäer und gute Weltbürger werden zu können.«

Als besonders taktvoll konnte man diesen Spielplan nicht bezeichnen, auch wenn er sich im Rahmen des Üblichen bewegte: die Neigung, Unrecht aufzurechnen, was immer nahe Null endete; die Einforderung des Rechts, zugleich gut und deutsch zu sein, was nichts als die Aufforderung an alle anderen beinhaltete, jedwede Kritik einzustellen; die indirekte Drohung, daß die Deutschen bei mangelndem Wohlverhalten ihrer Umgebung möglicherweise auch anders könnten, als sich europäisch einzufügen.

Angesichts solcher Dispositionen verwunderte es nicht, wenn Weltmeisterschaftstriumph und Wogen der Gemütlichkeit enthemmend wirkten. Dabei hatte es einigermaßen friedfertig gestimmte Vorsätze gegeben. Noch morgens hatte Dr. Bauwens erklärt: »Der deutsche Fußballsport huldigt keinem übertriebenen Nationalismus. Aber jeder hat ein Vaterlandsgefühl, und aus diesem Gefühl heraus freue ich mich, daß unsere Nationalelf auf diesem friedlichen Wege zum Ansehen Deutschlands in der Welt beigetragen hat.« (*Bild*) Am Nachmittag redete sich der Präsident im Münchner Rathaus warm: »Das Wort ›Wovon das Herz voll ist, läuft der Mund über‹ ist, seit wir deutschen Boden betreten haben, Lügen gestraft worden, und jetzt in dieser Stunde, wo wir die Landeshauptstadt München betreten haben, ist es noch schlimmer um das Herz bestellt. Es vermag nicht zu sprechen, und so erwarten Sie nicht von mir eine formvollendete Rede. Sie kommt aus tiefstem Herzen der Dankbarkeit für das, was Deutschland uns als Kulisse in unseren schweren Spielen bereits gegeben hat, und das, was dann, als wir deutschen Boden betreten haben, nun überall in den kleinsten Orten und überall in den größeren Orten uns von seiten der Bevölkerung entgegengebracht wurde.« Und am Abend, das weichgespülte Bekenntnis zur Mäßigung war inzwischen vollends vergessen, wurden noch ganz andere Töne angeschlagen. Da sprach einer, »der als Redner niemals Grenzen kennt« (*Der Tagesspiegel*).

Beim Berner Endspiel war die schwarzrotgoldene Fahne, die ursprünglich neben der ungarischen und der FIFA-Flagge wehte, noch vor dem Anstoß verschwunden. Einige meldeten sie als gestohlen, andere vermuteten, der Wind habe sie abgerissen – Anlaß für den DFB-Präsidenten, im Löwenbräukeller öffentlich zu vermuten, die deutschen Spieler hätten die Fahne »im Herzen« getragen. Und weiter ging's. Die Mannschaft sei die »Repräsentanz besten Deutschtums im Ausland«, erfüllt vom »Geist der guten Deutschen«. Wotan selbst habe den elf »wackeren Knaben« (»Ich darf Euch doch so nennen?«) in der Schweiz beigestanden, und als dann auch noch das »Führerprinzip« ins Spiel kam, blendete sich der Bayerische Rundfunk aus der Veranstaltung aus (*Münchner Illustrierte*). Einer anderen Version zufolge sorgte allerdings nicht die Intervention eines um das Mindestmaß politischer Korrektheit fürchtenden Redakteurs dafür, daß Bauwens den größten Teil seines Publikums verlor, sondern schlicht die Uhr: »Gottlob, daß es der großen Öffentlichkeit dank der überschrittenen Sendezeit erspart blieb, über den Rundfunk die peinlich wirkenden Redewendungen des DFB-Präsidenten, mehrfach einem sattsam bekannten Sprachschatz entlehnt, noch weitere 30 Minuten anhören zu müssen.« (*Frankfurter Rundschau*)

Veröffentlicht wurde die Löwenbräu-Rede des DFB-Präsidenten nie, und eine komplette Aufzeichnung scheint nicht mehr zu existieren. Die der zeitgenössischen Öffentlichkeit bekannt gemachten Versatzstücke sprechen allerdings für sich.

Bauwens über Deutschland und die Welt (Hintergrund war die angeblich ständige Benachteiligung der Westdeutschen durch die FIFA): »Jungens, das habt ihr herrlich gemacht. Ich weiß nicht, welche Worte ich finden soll, um eure Leistung für den deutschen Fußball in das richtige Licht zu stellen. Es war eine Antwort auf vieles, was sich im Welt-Fußball nicht auf einer Linie mit uns bewegt.« (*General-Anzeiger*)

Bauwens über die deutsche Fahne (der Ordnerdienst im Berner Stadion hatte fahnenschwingende Deutsche mehrfach ersucht, nicht aufs Spielfeld zu laufen): »Wenn aber andere auf dem Spielfeld herumturnen mit ihren Fahnen vor dem Spiel, dann geht es nicht an, daß unseren Leuten es verboten wird, unsere stolze deutsche Fahne zu führen. Das lassen wir uns nicht gefallen. Unsere Mannschaft hat ihnen die Quittung gegeben.« (*Der Spiegel*)

Bauwens über deutsche Treue und Deutsche Bundesbahn (es ging um den ungeplanten Zwischenstopp in Jestetten): »Aus der Enklave, die da bei Konstanz liegt, ich weiß jetzt den Namen nicht mehr genau ..., die abgeschlossen ist von unserem deutschen Land, wurde die Bitte geäußert, daß der Wagen [mit der heimkehrenden Fußballmannschaft] auch dort halten sollte ... Ein Appell an die Bundesbahn, diese prachtvolle Institution ..., hatte denn auch Erfolg, und so konnten wir das Zeichen der Treue dieser Deutschen in der Enklave, die nicht mit unserem Vaterland vereint sein dürfen, entgegennehmen.« (*Der Spiegel*)

Und schließlich Bauwens über den Wert des Weltmeistertitels: »Dieser Sieg hat gezeigt, daß es Schlacken auf dem Sport und dem deutschen Volk nicht mehr geben kann, wenn es jemand ehrlich mit uns meint.« (*Sternberger*)

Der Sieg von Bern hatte befreiend gewirkt. Zumindest der DFB-Präsident wähnte sich nach einem solchen Beweis deutscher Stärke imstande, von schlechtem Gewissen endgültig und öffentlich Abstand zu nehmen – wie wir uns fühlen, ist schließlich allein unsere Sache. Folgen wir Dolf Sternberger, so entsprang diese deutschnationale Bekenntnisfreude, dieser »Unsinn, der aufgequirlten Seelenbodensatz mitführt«, einem »mächtigen Bedürfnis, alle peinlichen Erinnerungen mit einem Ruck abzuschütteln, alle Rücksicht und Vorsicht endlich einmal aus Herzenslust abzuwerfen«.

Bedürfnisse dieses Typs mochte so mancher verspürt haben. Auf viele wirkte der unerwartete Gewinn der Weltmeisterschaft entlastend, ohne daß die historische Katharsis notwendigerweise in nationalistische Freiübungen umgesetzt worden wäre. Aber der DFB-Präsident war auch in der Fußballergemeinde nicht der einzige, der sich auffällige Kontinuitäten gönnte.

Da gab es den bereits erwähnten, über weite Strecken der Titelkämpfe ausgesprochen unglücklich agierenden *Welt*-Chefreporter Dr. Joachim Besser, der sich bis zum Viertelfinale als notorischer Bedenkenträger und durch unablässige Vorhersagen deutschen Scheiterns einen Namen machte: »Die Freunde der deutschen Nationalmannschaft tun gut, übertriebene Hoffnung fahrenzulassen.« – »Mit unserer wackeligen Hintermannschaft ohne Retter, ohne einen international erstklassigen Torwart, sind unsere Chancen gegen die Jugoslawen gleich Null.« – »Es ist daher gut anzunehmen, daß wir ausscheiden werden.«

Dann kam das Jugoslawien-Spiel, und der Kommentator entdeckte im Verlauf einer Selbstbesichtigung, daß in jedem »ein Rest von Nationalgefühl« flackere. Von Stund an war er geläutert. Dem runderneuerten Berichterstatter geriet denn auch gleich die erste Reportage zu einer grundsätzlichen Erwägung über deutsche Leistungen zur Selbstbehauptung in einer feindlichen Umwelt. Der Fußball wurde zur sozialdarwinistischen Offenbarung, die Reste schüchternen Selbstzweifels beiseite wischte:

»... und sagte mir immer wieder: Nur ruhig Blut, das ist ja schließlich nur Fußball, ein Spiel, weiter nichts. Aber es war doch mehr. Der Skeptischste muß es zugeben. Ich könnte mir vorstellen, daß so die Raubritter ferner Tage gekämpft haben, wenn die Bauern ihre Burg berannten, daß sich so die Verteidiger von Konstantinopel schlugen, als die Türken zum Sturm ansetzten. Dieser Fußballsport besitzt in all seiner Primitivität unheimliche Symbolkraft. Jeder spürte es in Genf, hier wehrt sich einer seiner Haut, der nicht untergehen will, hier stehen elf, die sich verschworen haben, ihre Burg nicht ausräuchern zu lassen. Jeder hätte den Ball mit der Zunge weggestoßen, wenn es die letzte Rettung gewesen wäre. Ich gebe zu, das war kein schön anzusehender Kampf, kein Sport für Ästheten, aber es war doch ein Sinnbild dafür, wessen der Mensch fähig ist, wenn er etwas erreichen will ... Hier wurde etwas von unserer Mannschaft verlangt, hier stand sie im echten Feuer der Weltklassenbewährung.«

Vor dem Finale bilanzierte er in schonungsloser Selbstkritik seine Kommentarleistungen: »Drei Wochen lang war ich jetzt nüchtern und sachlich, viermal hat diese deutsche Elf den Fachmann mit seinen Bedenken in die Wüste geschickt.« Die Inventur machte den Weg frei für ein furioses Finale, denn von nun an war Joachim Besser nicht mehr zu halten: »Ehe der letzte Kampf beginnt, möchte ich den Lesern gestehen, diesmal sind meine Hoffnungen stärker als alle Vernunft ...« Was folgte, war das nur noch oberflächlich dem Fußball verbundene Programm nachholenden deutschen Aufstiegs:

»Auf den Gipfel in Bern blicken am Sonntag Millionen. Niemand kann erwarten, daß der Reporter, der nun drei Wochen lang den Aufstieg der deutschen Mannschaft erlebt hat, ohne Gefühl dabeisitzen wird. Deshalb geht mein Herz mit dieser Mannschaft. Nicht, weil sie Deutsche sind, nicht, weil ich in Tränen der Rührung ausbrechen könnte, weil unsere Fahne vielleicht am Siegesmast aufsteigen könnte, oder weil ich in einem Sieg etwa ein nationales Ereignis sehe oder in einer Niederlage ein nationales Unglück, nein, ich werde mit zittern, weil diese mutige Mannschaft die letzte Krönung verdient hat, weil ich mit den Hungrigen bin und gegen die Satten, weil es gut [ist], wenn einer einmal aus seiner Sicherheit herausgestoßen wird.«

Nun paßten derartige Offenbarungen politpsychologischer Tiefenschichten durchaus in die deutsche Nachkriegslandschaft; allenfalls der begriffliche Extremismus fiel unangenehm auf. Schon das Viertelfinale gegen Jugoslawien war offenbar geeignet, umstandslos Erinnerungen an existentielle Abwehrbemühungen anderer Art und Zeit wachzurufen. Eine Viertelstunde vor Schluß, Spielstand 1:0 für Deutschland durch das Eigentor von Horvath, enteilte Rundfunkreporter Gerd Krämer kurzzeitig dem Geschehen auf dem Rasen: »Überschätzen wir nicht die Bedeutung eines Fußballspiels, aber wer erleben könnte, wie sich elf tapfere Spieler hier in Genf einem verbissen anstürmenden Gegner mit letzter Kraft entgegenstemmen, wie sie, wenn sie ausgespielt sind, ihm nachstürzen, sich erneut stellen, wer das erlebt, der wird diesen tapferen Männern den Daumen halten, wird ihnen Kraft geben wollen und ihnen zurufen: Aushalten, aushalten, es dauert nur noch 15 Minuten.« Und dann war er wieder beim Fußball.

Es bedurfte Mitte der 50er Jahre gröbster Reize, um Reaktionen gegen allzu schrille Beschwörungen deutscher Kontinuitäten auszulösen. Selbstbehauptung in einer unwirtlichen und mißgünstigen Umwelt – das monierte kein Mensch, wohl weil ein ähnliches Lebensgefühl existierte. Erst bei noch stärkerem Tobak reagierte man verschreckt – nicht zuletzt deshalb, weil die zusätzliche Verschlechterung der Bedingungen zu befürchten stand. Zumeist waren es nicht die eigenen Kriterien, die verbale Entgleisungen als solche identifizierten; vielmehr verboten sich manche Dinge erst, wenn die Optik des Auslands adaptiert wurde. Daß die lobende Erwähnung des Führerprinzips (wie im Fall Bauwens) »eifriges Wasser auf die Mühlen derjenigen goß, die uns bei jeder passenden Gelegenheit sagen, wir hätten aus der Vergangenheit nicht viel gelernt« (*Frankfurter Rundschau*), schien einer der überzeugendsten rhetorischen Kunstgriffe zu sein. – Bei Vermeidung der einschlägigen Reizwörter war fast alles möglich, auch die Huldigung erprobter deutscher Organisationsprinzipien. Daß »die Kameradschaft, der Mannschaftsgeist, das Vertrauen auf den Betreuer Sepp und den Mannschaftskapitän Fritz Walter« und »die gemeinsame Ausrichtung auf das hohe Ziel« den Weltmeister gemacht hätten (*Deutschland Weltmeister*), konnte völlig unbeanstandet passieren.

Am Ende kam Dr. Joachim Besser durch – von den defätistischen Anfängen abgesehen –, und Dr. Peco Bauwens hatte eine Presse, wie sie schlechter nicht auszudenken war. »Es war zu befürchten, daß eine Menge Leute den Sieg unserer

Fußballer bei den Spielen um die Weltmeisterschaft zu einem ›nationalen Ereignis‹ umempfinden würden; unter dem Motto etwa: ›Zwei Weltkriege haben wir verloren, aber jetzt haben wir doch gesiegt‹«, so halb resigniert die *Frankfurter Rundschau.* »Dr. Bauwens hat schon viele schlechte Reden gehalten. Die Münchner war vielleicht nicht die schlechteste – bestimmt aber die taktloseste. Ein Spieler mit gleich katastrophalen Leistungen auf dem Spielfeld würde aus der Nationalmannschaft ausgeschlossen. Woher nimmt er vor allem das Recht, ausländischen Beobachtern gegenüber den deutschen Weltmeisterschaftserfolg so auszudeuten, daß der saubere sportliche Sieg unserer Spieler zur patriotischen Harlekinade herabgewürdigt wird?« las man im Berliner *Tagesspiegel.* Die *Süddeutsche Zeitung* sprach von einer »Sieg-Heil-Rede«, und die *Münchner Illustrierte* unternahm den Versuch, Fritz Walter gegen seinen Präsidenten in Schutz zu nehmen: »Seine bescheidene Art ist der sporttreibenden Jugend weit mehr Vorbild als die zackige Forschheit mancher üppig gewordenen Sportfunktionäre.« Als hätte man auf dieses Stichwort gewartet, nahm sich der *Tagesspiegel*, einmal dabei, gleich den Bauwens-Stellvertreter (»der füllige Münchner Hans Huber«) mit vor, der den Mund gar nicht aufgemacht hatte: »Er saß zwischen Fritz Walter und Sepp Herberger und ließ sich feiern, obwohl er am Gewinn der Weltmeisterschaft geringeren Anteil hatte, als die Waschfrau im Spiezer Hotel Belvedere.«

Am Ende zeigte sogar der DFB Wirkung. Beharrliches Schweigen schien unangebracht, zu einer Entschuldigung aber konnte sich der Verband nicht durchringen. Folglich entstand Halbherziges, das die Sache erwartungsgemäß noch peinlicher machte: »Geben wir es ruhig zu: es wurden da und dort Begriffe übersteigert oder verwechselt. Aber glaubt man, anderswo hätte man einer heimkehrenden Mannschaft nicht auch einen triumphalen Empfang bereitet? Und schließlich hatten Herberger und seine Spieler verdient, daß die Heimat ihnen Dank bekundete.« Das Ergebnis war wenig zufriedenstellend, konnte allerdings angesichts der Aufgabenstellung kaum besser ausfallen. Blieb also nur die Wiederholung auf gleich miserablem Niveau: »... es wurde auch ein wenig über das Ziel hinausgeschossen. Nun, auch die besten Schützen haben auf dem Rasen der Spielfelder manchmal danebengeschossen.« (*Coupe Jules Rimet*)

So exerzierten der DFB-Präsident und seine diversen Doppelgänger vor, wie sich an fußballerische Erfolge dubiose Projekte ganz anderer und größerer Art anschließen ließen. Daß die neu-alte Sprache die Massen ergriffen hätte, davon konnte allerdings keine Rede sein. Obwohl Deutschland, Deutschland über alles flächendeckend intoniert worden war, versagte man den nachgereichten polithistorischen Identifikations- und Einordnungsofferten die Gefolgschaft. Der Bericht über die Weltmeisterankunft in München brachte die Situation mehr oder weniger gekonnt auf den Punkt: »An dem berühmten Empfangstag zwängte ich mich nachmittags um 5 Uhr um das Roman-Mayr-Eck herum und sah von da über den Marienplatz, der von Menschen vollgepfropft erschien. Zunächst war es ruhig, dann ging ein Rufen los: ›Rahn, Rahn, Rahn‹ ... Die Rufer waren offenbar die echten Fußballkenner und Fußballanhänger. Von irgendeiner nationalistischen Bewegung keine Spur. Es muß festgestellt werden, daß die Münchner Sportler damit nichts zu tun hatten.« (*Süddeutsche Zeitung*)

Sowohl der ganz überwiegende Teil des Publikums als auch die Hauptdarsteller zeigten sich für nationales Übergewicht wenig empfänglich. Auch wenn der Bundestrainer mit Blick auf seine Mannschaft gelegentlich lobend hervorhob, daß sich »diese Jungen« noch für ein Ideal begeistern könnten, nämlich »für das Ansehen des deutschen Sports zu kämpfen« (*FAZ*), sprang der aus braunen Erblasten geschlagene Bauwens-Funke nicht über. Augenzeugen des Löwenbräu-Abends versicherten glaubhaft, daß Herberger und seine 22 Spieler peinlich berührt gewesen seien.

»Meine lieben Weltmeister«

POLITIK AUF DEM PLATZ

Zum Berner Finale reiste – heute undenkbar – nicht ein einziger deutscher Bundesminister, geschweige denn der ohnehin nur Boccia spielende Kanzler oder der Bundespräsident an. Während Österreichs Regierungschef bereits vor dem Halbfinalspiel gegen Deutschland auf gepackten Koffern für die Endspielvisite saß (um sie nach der 1:6-Pleite wieder auszupacken), reagierte die heimische Politprominenz ausgesprochen verschlafen auf die steile Karriere des deutschen Fußballs in der Schweiz.

Als einer der ersten wurde der für den Sport zuständige Innenminister Schröder munter, dem der *Spiegel* das leicht vergiftete Kompliment nachtrug, daß er »die Zeichen der Zeit zu lesen versteht, wenn er sie sieht«. Nach dem 2:0 gegen Jugoslawien ließ Dr. Schröder ein erstes Glückwunschtelegramm Richtung Spiez auf den Weg bringen, dem ein zweites nach dem 6:1-Erfolg über Österreich folgte. Diesmal gratulierten drei weitere Bundesminister (plus Oppositionsführer Ollenhauer), worauf Schröder gegenüber dem Kabinettskollegen Blücher Zuständigkeit reklamierte: »Seit wann gehören denn nationale Siege ins Ressort des Marshallplans?« (*Der Spiegel*)

Bei den Sensibelsten im Lande klingelten da schon die Alarmglocken. Selbst den kleinen Grenzverkehr zwischen Sport und Politik galt es zu unterbinden. Beide Sektoren sollten strikt getrennt bleiben. Die *Süddeutsche Zeitung* pfiff Herrn Schröder zurück: »Das klare Ergebnis beim Sport in Ehren, wenn es das Ergebnis eines Spiels bleibt. Eines Spieles nicht um die Ehre der Nation, sondern um die Ehre, wer an diesem Tag besser in Form war. Wir haben es nicht gern, wenn der Bundesinnenminister Schröder unentwegt markig stärkende Telegramme an die deutsche Mannschaft schickt, mit ›großem Sieg‹ und ›Begeisterung in ganz Deutschland‹, und noch weniger, wenn er mündlich von ›Idealen‹ und der kommenden ›Endauseinandersetzung‹ redet. Das riecht fatal nach forscher Gesinnung.«

»Als das fast Unglaubliche zum Ereignis wurde« (*Die Rheinpfalz*), nach dem 3:2 gegen Ungarn, griff schließlich auch der Kanzler ins Geschehen ein, besorgt darum, seine Glückwünsche rechtzeitig und an richtiger Stelle loszuwerden. Sein Telegramm wurde gleich doppelt, ins Berner Stadion und nach Spiez ins deutsche Quartier verschickt. Der Erfolg gab Konrad Adenauer auch hier recht – es war, so meldete der *Kicker*, die erste telegrafische Gratulation: »An Ihrem größten Erfolg nimmt das ganze deutsche Volk mit größter Freude Anteil. Ich spreche der deutschen Mannschaft meinen herzlichsten Glückwunsch aus und übermittele die besten Grüße. gez. Konrad Adenauer, Bundeskanzler.«

Deutete die doppelte Versendung der Glückwünsche darauf hin, daß man sich Mühe gegeben hatte, so dementierten die routinemäßigen Formulierungen den Eindruck. Nichts ließ darauf schließen, daß man im Kanzleramt auch nur geahnt hätte, welche Bedeutung und Ausstrahlung der Weltmeistertitel haben könnte. Dementsprechend war von politischer Umarmung der Fußballer nichts zu spüren.

Die Botschaft, die Bundespräsident Heuss in Richtung Schweiz aufgab, fiel nur unwesentlich stimmungsvoller aus: »Mit dem heutigen Sieg in der Fußball-Weltmeisterschaft, dessen sich Millionen Deutsche freuen, war die großartige Leistung gekrönt, die Sie in der Schweiz gezeigt haben. Ich spreche Ihnen zu Ihrem Erfolg meine herzlichsten Glückwünsche aus und freue mich, Ihnen das Silberne Lorbeerblatt verleihen zu können. gez. Theodor Heuss.«

Ganz anders der Fachminister. Ohne daß der Spielraum entscheidend größer gewesen wäre, vermochte Gerhard Schröder mit Kompetenz zu überzeugen. Nicht nur Begeisterung und Engagement sprachen aus seinen Zeilen; bei der Andeutung einer sportlichen Bewertung und einer gleichzeitigen historischen Würdigung blitzte unerwartetes Können auf: »Dieser wunderbare Sieg als Ergebnis einer hervorragenden kameradschaftlichen und kämpferischen Einstellung aller Spieler wird überall in Deutschland als der größte sportliche Erfolg seit Kriegsende angesehen. Ich hoffe, die Sieger von Bern mit ihren Kameraden in Kürze hier in Bonn persönlich begrüßen zu können.«

Der Zugang zu den fußballerischen Zeitläuften fiel der Bonner Prominenz offensichtlich unterschiedlich schwer. Für Papa Heuss war die Distanz schier unüberwindbar; überliefert ist die Szene, wie er 1953 beim Kölner Länderspiel gegen Österreich der Vorstellung der Spieler durch Fritz Walter einmal zuvorkam und Maxl Morlock ansprach: »Und Sie sind sicher der Torwart?« (*Seitz*) Was ließ sich bei derartiger Kennerschaft erwarten ...

Den Kanzler, so jedenfalls das positive Vorurteil, schreckten die mit dem Ereignis verbundenen nationalen Wallungen zu sehr ab, als daß er einen über das protokollarisch Unabdingbare hinausgehenden Kontakt zur Berner Elf gesucht hätte. Die Prognose des *Neuen Deutschland*, Adenauer würde versuchen, die Weltmeistermannschaft »für seine amerikanische Propaganda« einzuspannen, war jedenfalls ohne den mindesten Anhaltspunkt erstellt.

Die Adenauer-Regierung wußte mit dem unverhofften sportlichen Erfolg, der so viele Emotionen mobilisierte, nichts Rechtes anzufangen – abgesehen von dem als Amt Blank firmierenden Verteidigungsministerium in Gründung, das sich für die Motivationsmethoden Herbergers zu interessieren begann. Schließlich war Kampfgeist auf den unterschiedlichsten Schauplätzen gefragt.

Ansonsten zeigte die Politik dem Fußball die kalte Schulter. Bezeichnend war eine Berliner Großveranstaltung am 18. Juli. Für den 17. Juli stand die Wiederwahl des Bundespräsidenten auf dem Programm der in Berlin tagenden Bundesversammlung. Die Idee, die zweite Amtszeit von

Theodor Heuss öffentlich beginnen zu lassen und bei dieser Gelegenheit den Fußballweltmeistern den telegrafisch avisierten Silberlorbeer im Berliner Olympiastadion anzuheften, ließ auf eine ganz passable Regie schließen. Die Kombination von Sonntag und Weltmeisterelf garantierte voll besetzte Ränge. Und man leistete sich eine zusätzliche Reminiszenz an größere Zeiten: »Wie an olympischen Tagen flammte das Olympische Feuer in der riesigen Schale.« (*Deutschland Weltmeister*) Die Veranstaltung löste beim Ostberliner Zentralorgan schon im Vorfeld gewisse Befürchtungen aus: »Die elf Spieler werden am 17. Juli nach Berlin zitiert, um dort bei der sogenannten Bundespräsidentenwahl für die nötige Popularität zu sorgen, sie sollen vor einen Karren gespannt werden, der ihres Weltmeistertitels unwürdig ist und ihn in den Augen der anderen Völker nur herabsetzen kann.«

Der Präsident blamierte derlei Bedenkenträger gründlich. An die Ansprache des den Westteil der Stadt regierenden Bürgermeisters, der mit den historischen Worten »Und nun kann das Spiel beginnen« geendet hatte, knüpfte Heuss nahtlos an: »Ehe ich nachher mit der Meisterschaft, mit unserer Fußballmeisterschaft begegnen werde und ihr die Auszeichnung verleihen ...« Über »Turner, Reiter und sonst noch mancherlei Formen der sportlichen Sonderart« und heimatkundliche Ausführungen (»... sind in diesen Jahren manche turnerische und sportliche Wettkämpfe von mir besucht worden – Garmisch-Partenkirchen, Hamburg, Dortmund, Köln, Aachen ...«) kam der Präsident schließlich zur Sache und damit zur bekannten Zwei-Welten-Theorie: »Sie erwarten und Sie kriegen von mir heute keine politische Versammlung. Wir sind wegen des Sports da. Ich glaube wir sollten ihn außerhalb der Politik halten, aber [!] wir sind nun auch hier, um die Weltmeister im Fußball zu ehren.« Und zur Bekräftigung, mit dem unerläßliche Seitenhieb fürs Ausland: »Aus Ihrem uns alle so erfreuenden Sieg haben manche Leute draußen und drinnen so etwas wie ein Politikum gemacht. Es ist primitiv und töricht, wenn manche Zeitungen und Kommentare den Deutschen es verübelten, daß sie sich freuten. Das wäre nämlich überall so gewesen.« Der seit Tagen einschlägig belastete DFB-Präsident, der zusammengebracht hatte, was nach präsidialem Credo keinesfalls zusammengehörte, wurde weniger getadelt als mit Heuss'scher Milde bedacht: »Der gute Bauwens, dem ich jetzt nachher die Silbernadel gegeben habe, der meint offenbar, gutes Kicken ist schon gute Politik. Das muß nicht so sein. Schön, wenn es das ist.«

Der Lernerfolg solch ausgewogener Ermahnungen fiel bescheiden aus. Zwar bekräftigte hernach der DFB schriftlich »die Pflicht des Sports, sich außerhalb der Politik zu halten« (*Deutschland Weltmeister*). Dagegen war bei dem Rundfunkreporter im Olympiastadion anderes hängengeblieben: Der nämlich bejubelte im Schlußwort die Veranstaltung als »schönen Beweis für die enge Zusammenhängigkeit zwischen Sport und Politik«.

Das war ohne Zweifel übertrieben. Obwohl die Zuschauer Präsident und Weltmeister angeblich um die Wette beklatschten – wieder einmal wurde der Jubel zum Orkan, gab es Ovationen ohne Beispiel –, dürfte die Ansprache an den weltmeisterlichen Stimmungen der Berliner und der »lieben anderen Gäste aus Deutschland« vorbeigegangen sein. Daß die Stadionbesucher völlig andere Gefühle und Absichten umtrieben als den obersten Repräsentanten des Landes, wurde während der Rede sonnenklar. Erst gab es die Gelbe Karte für den DFB-Chef, eine recht milde Entscheidung, und weil der Präsident gerade dabei war, verrutschte Dinge wieder ins Lot zu rücken, bekam auch Herbert Zimmermann, allerdings ohne namentliche Erwähnung, seinen Teil ab: »Und ich habe auch gelesen [!], Turek sei ein Fußballgott.« Frenetischer Jubel im Stadionrund, weshalb es seine Zeit dauerte, bis Heuss die eigentliche Pointe loswerden konnte: »Ich glaube, er ist ein guter, zuverlässiger Torwart und soll das auch bleiben.«

Die Bedeutung des Weltmeisterschaftserfolgs blieb den meisten politisch Verantwortlichen selbst dann noch verschlossen, als längst alle Welt mehr als einen fußballerischen Sieg ausgemacht hatte. Auch die hunderttausendfache Nachhilfe im eigenen Land vermochte nichts auszurichten. Der Weltmeistertitel hätte Gelegenheit zu einer Standortbestimmung der jungen Demokratie gegeben, doch das andauernd wiederholte Credo, Sport und Politik dürften nichts miteinander zu schaffen haben, stand einer Zwischenbilanz im Wege. Letztlich durfte man froh sein, wenn die Bonner Selbstfesselungskünstler dank des erlassenen Politikverbots in Sachen Sport dazu beitrugen, die Bauwens ruhigzustellen und nationalistischen Übereifer zu stutzen – was stets, entsprechend dem verbreiteten Ausgewogenheitszwang, mit dem Hinweis verbunden war, auch das Ausland solle sich gefälligst nicht so haben.

Chancen, aus der salbadernden Schar ausbrechen zu können, waren nach dem Telegrammtest bestenfalls dem Bundesinnenminister einzuräumen. Hoffen ließ auch, daß dessen Staatssekretär in Sachen Bauwens-Rede souverän gekontert hatte: »Man darf die politischen Äußerungen des Herrn Bauwens nicht ernster nehmen als Äußerungen des Bundeskanzlers über die Technik des Fußballspielens.« (*Der Spiegel*) Doch ausgerechnet Gerhard Schröder bildete das Schlußlicht des Empfängereigens nach dem 4. Juli. Mit dem Auftritt der Weltmeister »in der alten und kommenden Hauptstadt« (Heuss) war der zulässige Grenzwert politischer Einvernahme erreicht: »Hier, an der Stätte größter deutscher olympischer Siege im Jahre 1936, trat die Verbundenheit aller deutschen Sportler mit dem durch politische Grenzen abgeschnittenen Berlin besonders glücklich in Erscheinung«, wurde – die üblichen Ausrutscher inklusive – für die Nachwelt festgehalten (*Coupe Jules Rimet*).

Als Schröder am Tag danach endlich vorgelassen wurde – »Meine lieben Weltmeister, es ist für mich eine große

Freude, Sie hier in Bonn begrüßen zu dürfen ...« –, war alles gelaufen. Der Ortswechsel vom großen Berlin in die beschauliche Bundeshauptstadt dürfte ein übriges getan haben: »Nach dem feierlichen Höhepunkt in Berlin war der Empfang in Bonn für die mit Ehrungen aller Art so reichlich bedachte Weltmeisterelf so etwas wie ein gemütlicher Abschluß.« (*Coupe Jules Rimet*)

Unter solch widrigen Umständen legte sich Schröder ziemlich ins Zeug. Zwar kam auch er nicht umhin, die serienmäßig gelieferten Mahnungen zur Mäßigung zu wiederholen: »Triumph oder Niederlage haben selbstverständlich keine Bedeutung für die positive oder negative Einschätzung des Volkes, dem er angehört. Aber der fair errungene sportliche Sieg hat immer und überall etwas Beispielhaftes. Drei Faktoren haben die Grundlage des Erfolges bei der Fußball-Weltmeisterschaft gebildet: das fachliche Können, der Zusammenhalt der Mannschaft und der volle Einsatz bis an die Grenze der Leistungsfähigkeit. Die Freude darüber, daß Sie die Weltmeisterschaft im Fußball errungen haben, wollen wir uns von keiner Seite beeinträchtigen lassen.« Dann aber eine überraschende Neuerung: »Wir sind nicht so reich wie andere Nationen an Anlässen und Symbolen, die ein starkes, gemeinsames Erleben ermöglichen. Deshalb sind wir um so dankbarer für jedes Ereignis, das uns ein echtes Gemeinschaftsgefühl vermittelt.« (*Deutschland Weltmeister*)

Was verbarg sich hinter den Andeutungen? Der Wille, gegen die herrschende Lehre vom nicht untergegangenen Reich die Bedeutung der Zäsur von 1945 und des bundesdeutschen Neuanfangs herauszustellen? Der indirekte Hinweis darauf, daß die neue Republik, statt sich aus der Geschichte zu bedienen, mehr aus sich selbst heraus leben müsse?

Der Minister hätte ruhig deutlicher werden können.

Verlängerung

»Gewinnen dürfen wir nicht, singen dürfen wir nicht«

IN EINER WELT VON SPIELVERDERBERN

Um den 4. Juli herum war einiges aufgelaufen. Zwei Tage vor dem Berner Endspiel hatte der Kanzler in einem Rundfunk-Interview die Westalliierten, vor allem aber Frankreich, hart attackiert. Gegenstand des Adenauer-Unmuts war das Zögern Frankreichs, den Vertrag über die Europäische Verteidigungsgemeinschaft zu unterzeichnen. Damit blockierte Paris zugleich das Inkrafttreten des an das EVG-Abkommen gekoppelten Deutschlandvertrages, mithin die Entlassung der Bundesrepublik in eine vorbehaltliche Unabhängigkeit.

In den Augen des Bundeskanzlers hatte sich die Bonner Republik die Souveränität »längst verdient«. Zur »erwiesenen politischen Mündigkeit der Bundesrepublik paßt kein Besatzungsstatut. Dazu paßt allein die Souveränität, die uns auch rechtlich zu freien Partnern des Westens macht.« Es gebe eine »Überfälligkeit des Anspruchs«. Falls Frankreich den EVG-Vertrag ablehnen sollte (was die französische Nationalversammlung am 30. August tat), so der Kanzler in strengem Ton, »lehnen wir unter allen Umständen jeden Versuch ab, uns irgendeine Wiederbewaffnung unter entwürdigenden Bedingungen, also eine irgendwie entmündigte deutsche Armee zuzumuten«. Und dann ganz offensiv: »die sogenannte Alternative zur EVG ist die deutsche Nationalarmee.«

Am gleichen Wochenende griff ein bayerischer Staatssekretär den Dingen ein wenig vor. Die neue deutsche Wehrmacht werde keine Art Männersportverein werden, versicherte er, sondern eine ernste Sache, bei der gedrillt werde, »daß die Fetzen fliegen«. Weil nämlich die Flugzeuge doppelt so schnell seien wie 1945, müsse, so die ernstgemeinte

Erklärung, auch beim Drill entsprechend nachgelegt werden.

Reizklima herrschte. Der *Tagesspiegel* hatte verkündet, daß »die Periode der Askese in nationalen Fragen vorbei ist«. Ähnlich, wenn auch eher beobachtend, äußerte sich Rudolf Augstein: »Die Ära der politischen Wiedergutmachung geht bei uns zu Ende. Deutschland, dieser geduldige Teig ohne Säuernis, will jetzt aus einem Satelliten zu einem Verbündeten der Vereinigten Staaten werden, zu einer europäischen Nation, deren vornehmstes Interesse darauf gerichtet ist, ihre Einheit mit Hilfe des europäischen Eigengewichts zurückzugewinnen.«

Die Entwicklungen in der nach wie vor unter strenger Überwachung stehenden Bundesrepublik riefen naturgemäß gemischte Gefühle hervor. Die Deutschen würden frech (»The Germans Get Cocky«), sprang Michael Foot den gescholtenen Franzosen im *Daily Herald* bei. Das laut *FAZ* »notorisch deutschfeindliche Massenblatt« *Daily Express* sah die Knobelbecher marschieren: »The Jackboots Are Out«. Das war zwar nicht sehr freundlich formuliert, traf aber irgendwie den Sachverhalt. Auch eine *BBC*-Umfrage zur deutschen Wiederbewaffnung, deren schönste Antworten die *Süddeutsche Zeitung* wiedergab, förderte nicht gerade blindes Vertrauen in eine neue deutsche Friedfertigkeit zutage: »Ich kann mir nicht helfen, geben Sie einem Deutschen Pfeil und Bogen, geben Sie ihm eine Gummischleuder, geben Sie ihm einen Spielzeugpanzer und ein Segelflugzeug – bevor Sie bis hundert zählen, hat er das ganze in eine Luftwaffe, mehrere Panzerdivisionen und eine großartig ausgebildete Infanteriegruppe verwandelt.«

Selbst bei den als gelassener geltenden Amerikanern ließen sich besorgte Stimmen zur deutschen Entwicklung ohne viel Mühe finden. Das im Frühsommer erschienene *Life-Sonderheft Deutschland* etwa stellte die Frage, wie lange es wohl dauern werde, »bis der Umriß und die Bedeutung des Wortes ›Einheit‹ sich abermals wandeln und nicht die Einheit Europas, sondern bloß die Einheit Deutschlands meinen« werde. Das war nicht einmal unfreundlich, schließlich hatte Emnid gerade herausgefunden, daß 63 Prozent der Westdeutschen die Wiedervereinigung, aber nur 33 Prozent die Europäische Einheit für vordringlicher hielten.

In die ohnehin gereizte Stimmung hinein platzten der unverhoffte deutsche Endspielsieg, die im unmittelbaren Anschluß folgende Auferstehung des Deutschlandliedes mit der europaweit bekannten Textversion und zwei Tage später die »teutsche« Rede des Herrn Bauwens in München. Entsprechend fielen die Reaktionen aus. Unter dem (im französischen Original deutschen) Titel »Achtung!« veröffentlichte *Le Monde* einen Kommentar von Pierre Fabert, aus dem der *Spiegel* ausführlich zitierte, wiewohl er seiner Leserschaft wichtige Passagen vorenthielt.

»*Achtung*! *Achtung*! Die Zehntausende von Deutschen stehen still. Die Aufschreie enden. Die Musik intoniert ›*Deutschland, Deutschland über alles*‹. Die Menge singt mit. Die Erde zittert. Es regnet. Es regnet, und mir ist kalt. Schon bald, während die 60 000 Deutschen schrien, durchlief mich ein Schaudern. Ohne Zweifel wegen des Regens, sagte ich mir. Er fällt unentwegt auf Bern, dieser verdammte Regen. Ich fühle ihn unter meinem Hemd, in meinen Schuhen, rund um die Knie.

Die anderen sind sicher aufgeweichter als ich, weil sie 24 Stunden bei heftigem Regen Schlange gestanden haben. Aber das sieht man ihren Gesichtern nicht an. Im Gegenteil. Freudestrahlend, jung, begeistert, singen sie mit fester Stimme, auf daß es die ganze Welt hört und weiß, daß Deutschland wieder einmal ›*über alles*‹ gilt. Nun fröstelt mich noch mehr, und ich sage mir: *Achtung*! *Achtung*! Und mit eingezogenem Kopf verlasse ich die Eroberer.

Es regnet immer noch. Ich habe keine Lust mehr, in Bern zu bleiben und nehme das Flugzeug nach Paris. Ich kehre heim. Das gleichmäßige Motorengeräusch beruhigt mich.

Meine Gedanken wandern zurück nach Bern. Die Deutschen sind also wirklich Fußballweltmeister. Niemand hatte das erwartet. Sie waren soweit unten ... Wie nach Versailles. Wer hätte gedacht, daß das unschuldige Weimar einen Hitler hervorbringen würde? Aber das hat nichts miteinander zu tun ...

Doch in Bern hat mir einer meiner Nachbarn, ein rechtschaffener Waadtländer, erklärt: ›Papa Herberger, der deutsche Trainer, stellte zu Beginn eine Mannschaft der zweiten Linie auf, aber für die Entscheidung wechselte er aus ...‹ Wie Adenauer und die EVG ... Er ist anständig, der Adenauer, ehrlich, europäisch, frankophil, antirussisch. Man muß ihm folgen. Man muß ihm vertrauen. Aber ›im Finale‹, wird er (oder ein anderer) es da nicht machen wie ›Papa Sepp‹? EVG oder nicht – wird er nicht seine richtige Mannschaft heraustreten lassen, die neue Wehrmacht, den deutschen Militarismus? Ich phantasiere ... Was haben ›Papa Sepp‹ und der Fußball mit Adenauer und der Wehrmacht zu tun? Doch die Erinnerung an die Zehntausende fanatischer Deutscher, die nach Bern kamen, um ihre Mannschaft zu unterstützen, läßt mich daran denken. Sport? Sicher, aber nicht nur Sport. Auch Fanatismus, des Stolzes, der Überlegenheit, der Revanche, des ›*über alles*‹.

Die Masse irrt sich nicht, und wenn es sich um eine deutsche Masse handelt, ist die Diagnose eindeutig. Wie sagte Pierre Macaigne: ›Ein Geschrei, das nicht aufhört zu schreien, und das von vielen Erinnerungen spricht. *Achtung*!‹

... Endlich Paris. Es regnet auch hier, aber es ist trotzdem gut, zu Hause naß zu werden. Ich nehme weder die Metro noch den Bus. Ich gehe zu Fuß. Keine Schreie mehr, kein Gebrüll, keine Oberhoheit. Alle sind mit ihren kleinen Problemen beschäftigt, und wenn es ein Pernod auf der Terrasse eines Cafés ist. Es ist nicht besonders schön, aber letztlich ziehe ich es vor. Ich sehe nach links und rechts; ich lächele. Zum Teufel mit ›Papa Adenauer‹ und ›Papa Sepp‹!

Sollen sie sehen, wo sie bleiben. Ich friere bis auf die Knochen, aber ich bin zu Hause und fühle mich wohl.

Pfeifend gehe ich die Champs Elysées hoch. Dort, in einer kleinen Straße, die zur Avenue Kléber führt, werde ich von einer Gruppe Jugendlicher angehalten. Es sind elf. Jungen und Mädchen. Blond, groß, muskulös. Rucksäcke zum Platzen gefüllt, Shorts, Messer, Stiefel. Sehr höflich fragen sie mich auf deutsch, wo ›der Trocadero, die *atlantische Kommandantur*‹, zu finden ist.

Obwohl der Regen seit meiner Ankunft in Paris nicht aufgehört hat, beginne ich jetzt erst, ihn zu spüren, wie in Bern. Ich gebe unseren Touristen nach bestem Wissen Auskunft. Die Burschen bedanken sich mit strahlendem Lachen. Es sind elf, robust, mit guter Haltung, wie die Elf von ›Papa Sepp‹. Weimar, Adenauer, EVG, schon geht es wieder los ... Während ich sie in Richtung Trocadero davongehen sehe, höre ich: ›Die *Kommandantur* ..., *Europa* ..., die *Kommandantur* ..., *Europa* ...‹ Dann auf einmal: ›*Deutschland über alles*‹ ...

Obwohl Trauer nicht meine Stärke ist, bin ich traurig, weil ich mich diesmal erinnere ... Ich erinnere mich an alles, und unabhängig von mir, trotz des Lebens, das hier so ruhig und so frei ist, bin ich beunruhigt ... ›*Achtung*!‹«

Es gab weitere, noch deutlichere Signale. Die Pariser Zeitschrift *Noir et Blanc* verlegte sich auf eine Bilderfolge unter dem Titel »Deutschland über alles!«: »Die schönste Frau Europas: Miß Deutschland. – Die besten Fußballer Europas (und der Welt): die deutsche Mannschaft. – Die schnellsten Wagen Europas: Mercedes, Sieger von Reims. Und morgen, der beste Soldat Europas, der deutsche Soldat?« (nach *abz-Illustrierte*)

Kritische Stimmen kamen freilich nicht nur aus Frankreich. Der *Spiegel* zitierte die Kopenhagener *Information*: »Überall in Europa überlief es Tausende von Radiohörern und Fernsehern kalt bei der Auswirkung, die der Sieg sofort hatte. Es fehlte offenkundig nur ein ›Sieg Heil‹, um die ganze

Stimmung von der Berliner Olympiade wieder erstehen zu lassen. Die Deutschen sangen ›Deutschland, Deutschland über alles‹, daß es dröhnte. Und es sah aus, als ob dieser Sieg den aufwog, der 1940 bis 1945 ausgeblieben war.«

Wenig zimperlich war der schon erwähnte *Daily Express*. Berichte über ein britisch-amerikanisches Arbeitstreffen in Sachen EVG und die deutschen Erfolge in Bern wie Reims faßte er unter der Schlagzeile »Deutschland über alles » und dem Titel »Der Tag – for Germans« zusammen. »Der Tag«, so wurde die Leserschaft aufgeklärt, sei »eine berühmte deutsche Bezeichnung für den Ausbruch zweier Weltkriege«. Daß am Ende die deutschen Zuschauer »Deutschland Über Alles« (*New York Herald Tribune*) sangen, vermerkten in aller Regel auch jene, die sich ansonsten politischer Ausflüge enthielten.

Dem Bonner *General-Anzeiger* war der rührende Entlastungsversuch zu danken, annähernd parallel zu den politischen Vorgängen die deutsche Fußballnationalelf europäisch einzubinden: »Nicht nur Deutschland steht hinter dieser Mannschaft, ganz Westeuropa«, behauptete das Blatt. Ohne Zweifel gut gemeint, entsprach die These freilich nicht ganz den Tatsachen, obwohl hier und da Exemplare der Spezies des gutwilligen Ausländers präsentiert wurden. Der traurige Achmed Ben Mochtar zum Beispiel, der in Essen seinem Freund Helmut Rahn die Hand schütteln wollte (»Achmed kam nicht durch.« [*Neue Ruhr-Zeitung*]), oder die original holländische Großmutter, die für *Bild* das Finale gesehen hatte: »Und der Spannung der letzten fünf Minuten ist nicht zu beschreiben ... mir steht das Schweiß in die Hände. Beim Endsignal da wird laut gejubelt und mann schlägt sich auf den Schultern. Die Fairness des Spiels wird gepriesen, die Zähheit der Deutschen! mann ist glücklich, mann lacht, mann hat einen guten Sonntag. Und das alles erleben phlegmatische Hollander, die sich bis jetzt eingebildet haben, die Deutschen seien noch immer Feinde ... Das Endspiel 1954 hat ein Wunder hervorgerufen.

Wir Hollander gratulieren, gratulieren von ganzen Herzen!!!« Solche Folklore machte den Jubel letztlich nur noch deutscher ...

Der durch ganz Westdeutschland tönende Sprechchor, die ausländischen Kommentare zum Weltmeisterschaftsausgang hätten sich auf einer Skala »von mühsam bewahrter Sportlichkeit bis zum gellenden Haßausbruch« (*Die Zeit*) bewegt, lag daneben, dokumentierte aber fortgesetzte Neigungen, sich in einer Welt von Spielverderbern zu wähnen. Das führte dann zu vorgeblich abwiegelnden Erklärungen – es sei schließlich nur »menschlich, allzu menschlich, daß in den Klang der Freude auch Mißklänge tönten, daß Neid und Kleingeist und Unverstand die allgemeine Begeisterung falsch deuteten« (*Deutschland Weltmeister*).

Wer genauer hinsah, mußte zu dem Ergebnis gelangen, daß die ausländische Presseschau so viele kritische Stimmen nicht enthielt. Die Beobachtung, daß eine »allgemeine Stimmungsoffensive gegen Deutschland« (*abz-Illustrierte*) im Gange sei, war einer deutschen Gereiztheit geschuldet, die sich völlig unabhängig von Anzahl und Verbreitungsgrad *antideutscher* Kritik einzustellen pflegte. Aufgeschreckt reagierte man nämlich immer dann, wenn andere den Schlußstrich ignorierten, den die Deutschen meinten, unter ihre Vergangenheit ziehen zu können. Daß Selbst- und Fremdwahrnehmung voneinander abzuweichen vermochten und im Jahre 1954 in Europa tatsächlich differierten, schien der mit sich selbst beschäftigten Nation nur sehr schwer begreifbar zu sein.

Die verbreitete Lernbehinderung ließ den Kanzler immer wieder am »komischen Volk« der Deutschen zweifeln: »Wir meinen, wir haben es vergessen und jetzt müßte das auch bei den anderen vergessen sein.« Und hätte er im Sommer 1954 den Vorwurf an die Westmächte gelesen, sie pflegten zu Unrecht »jenes unselige Ressentiment von der deutschen Gefahr« (*Der Fortschritt*), wäre Adenauer nur eine seiner Gesten geblieben: »... dann greife ich mir an den Kopf geradezu und sage immer wieder: wer hat eigentlich den Krieg gewonnen? Wer hat ihn angefangen, und wer hat ihn gewonnen?«

Wenn wie nach Bern ein sportlicher Erfolg von außen politisiert wurde, waren bei den sich mit Kritik ohnehin schwertuenden Deutschen zusätzliche Empfindlichkeiten berührt. Das bedeutete nämlich, daß der Rückzug ins Private und die Finger-weg-von-der-Politik-Haltung nicht unbedingt hieß, aus dem Schneider zu sein. Die kritischen internationalen Stimmen zeigten die Grenzen des Versuchs, wenn schon der Politik nicht immer und überall zu entgehen war, möglichst viele Bereiche politikfrei, eben sauber zu halten. Das war ärgerlich, und folglich häuften sich in den deutschen Medien die Rückspiele.

»Im Ausland gibt es Kreise, die jeden deutschen Erfolg gleichviel auf welchem Gebiet in die politische Kehle kriegen«, klagte stellvertretend der Düsseldorfer *Fortschritt*. Das *Hamburger Abendblatt* stellte nun seinerseits einen Kommentar unter den Titel »Achtung!«: »Ist es wirklich eine Sünde, sich darüber zu freuen, daß die deutsche Fußballmannschaft die Weltmeisterschaft gewonnen hat? Enthüllt sich in dieser Begeisterung wirklich die ganze Überheblichkeit des deutschen Volkes? Man muß diese seltsamen Fragen stellen. Französische Zeitungen behandeln den deutschen Erfolg in Bern nicht als eine reine Sportangelegenheit, sondern wie ein politisches Ärgernis.« Die Möglichkeit, daß der *Monde*-Autor schlecht beieinander gewesen sein könnte (»Hat diesen Herrn nach der Durchnässung ein Fieber befallen?«), mußte verworfen werden – er war kein Einzeltäter. Auch andere hatten Fäden zwischen Sport und Politik gesponnen. Da gab es nur eins – dagegenhalten: »Wir rufen jetzt auch ›Achtung‹. Wir meinen aber damit die Warnung, Sportfeste zu politischen Gehässigkeiten zu mißbrauchen. Wenn das einreißen sollte, müßte der olympische Gedanke zusammenbrechen.«

Das *Abendblatt* beließ es beim Unverständnis: »Und ›Le Monde‹ hält diese Phantastereien für würdig, an der Stelle veröffentlicht zu werden, wo sonst sehr ernsthafte politische Betrachtungen stehen.« Ein minderschwerer »antideutscher« Ausfall, den die im französischen und eben doch nicht französischen Saarland erscheinende *Sportwelt* veröffentlichte, wurde geharnischt quittiert – mit der Suspendierung des Autors vom Schreibdienst (siehe *Unterbrechung 4*).

Doch behielt die Vernunft letztlich die Oberhand. Die ineinander verhakten Parteien mußten auseinander, und dazu mußten zwei Dinge klargestellt werden.

Zum ersten: Die wirklich schöne Frage, die der Chefredakteur der *Schleswig-Holsteinischen Tagespost* aufgeworfen hatte – »Sollte Fritz Walter aus außenpolitischen Erwägungen fortgesetzt neben das Tor schießen, um den Engländern die Furcht vor dem ›Furor Teutonicus‹ zu nehmen?« –, war selbstverständlich mit Nein zu beantworten. Das konnte es nicht sein.

Zum zweiten: »das Porzellan, das in anderen Ländern aufgestellt ist, scheint empfindlicher auf jede Erschütterung zu reagieren, die – wenn auch ohne böse Absicht – von Deutschen ausgelöst wird.« (*Die Gegenwart*) Wenn sich die Bundesdeutschen längst für komplett normal hielten, mußten andere das noch lange nicht glauben. Und die Situation war nicht danach, daß ersteren letztere egal sein konnten.

Ausweglos? Keineswegs.

Denn da war die D-Mark. Die schuf, indem sie die Westdeutschen reisefähig machte und den Gastgebern gutes Geld in Aussicht stellte, jede Menge Begegnungsstätten. Hin und zurück galt: Die »Vergangenheit wird begreiflicherweise nicht so bereitwillig in Zahlung genommen wie die deutsche Währung«.

Die unter diesen Vorzeichen zustandekommenden Kontakte verliefen nicht immer ganz und gar harmonisch. Deshalb häuften sich publizistische, aber auch parlamentarische Hinweise auf Fehlverhalten im Ausland. Völlig unentschuldbar sei etwa die Idee einer Reisegruppe, die sich in einer niederländischen Ortschaft als ehemalige deutsche Ortskommandantur vorstellte. Aber auch geringfügigere Vergehen wurden moniert: »Da man auch in Hamburg oder Köln nicht mit Rucksack und Nagelstiefeln durch die Straßen zieht, ist ein solches Kostüm in Rom oder Florenz, zumal bei dem ausgesprochenen Sinn der Italiener für Urbanität und Eleganz, doppelt unangemessen.« (*Die Gegenwart*)

Solch pädagogischer Eifer provozierte seinerseits Trotzreaktionen. »Gewinnen dürfen wir nicht, singen dürfen wir nicht – in Zukunft werden einige von uns auch nicht reisen dürfen, wenn es nach dem Wunsch und Willen einiger Parlamentarier geht, die das gute Benehmen im Ausland in einer Denk- und Festschrift verewigen und jedem Paßinhaber aushändigen wollen.« Das Ganze sei schließlich ein auf deutsche Lande begrenztes Phänomen, was italienische Zwischenfälle bewiesen: »Sollen Deutsche schweigend zusehen, wie das Tagesdatum zum Gedeck dazugerechnet wird, nur weil sie Deutsche sind?« (*abz-Illustrierte*)

Schon erwähnt wurde das Befremden, für das deutsche Schlachtenbummler in der Schweiz gesorgt hatten. Dessen monetäre Kehrseite brachte *Die Welt* in Erinnerung: »Wenn die deutsche Mannschaft spielt, rollt der Franken.« Unter derartigen Auspizien war der deutsch-ausländische Konflikt auf erträglicher Eskalationsstufe eindämmbar, worüber die Zeitgenossen ein zweistrophiger Dichterwettstreit belehrte. Der anonyme Schweizer Angriff:

»Liebe Wirtschafts-Wunderkinder,
Was uns so an euch gefällt,
Ist der schwere Achtzylinder
Und das teure Geld nicht minder –
Über alles in der Welt!«

Und der ebenfalls anonym vorgetragene deutsche Konter:

»Stell' Dir vor, mein lieber Friedel,
Stell' Dir vor, sie kämen nicht!
Höchstens mit 'nem alten Liedel
Auf 'ner abgekratzten Fiedel
Und mit Hunger im Gesicht!« (*Deutschland Weltmeister*)

Das lyrische Kräftemessen transportierte eine tiefe Wahrheit. Der wirtschaftliche Aufschwung und seine sportive Metapher hatten – hier wie dort – deutliche Spuren hinterlassen. Zwischen Rhein und Elbe wuchs die selbstbewußte Zuversicht, daß sich die mäkeligen Nachbarn schon einrichten würden mit dem neuen Deutschland. »Die krausgezogenen Stirnen des Auslandes«, prognostizierte ein *Spiegel*-Leser, würden sich schon wieder glätten. Und auch außerhalb des Hamburger Nachrichtenmagazins würde die Psychologie der Völkerverständigung rekapituliert. Der »Respekt vor der wiedererwachten Kraft, die dieses vor knapp neun Jahren zusammengebrochene Volk nicht nur im Wirtschaftsleben, sondern nun auch auf dem Gebiet der sportlichen Leistung ausstrahlte, zwang sie [die Nachbarvölker] zum Nachdenken. Der Besinnung ließen sie die ehrliche Anerkennung folgen.« (*Deutschland Weltmeister*)

Geschichte der Bundesrepublik, Kurzer Lehrgang.

Unterbrechung 4

»Die feindliche Tendenz gegenüber dieser doch unvergleichlich großen Leistungssteigerung«

SCHREIBVERBOT

»AUSGERECHNET IN DEUTSCHER SPRACHE ERSCHIEN DIE EINZIGE BELEIDIGUNG DER DEUTSCHEN ELF – DER BUMERANG DES HERRN WINNERS

Saarbrücken ist in Aufruhr. Ganze Stöße Post erreichen täglich den Kicker aus dem Saarland. Ausgerechnet in deutscher Sprache erschien ein beleidigender Artikel gegen den deutschen Fußball. Keine Zeitung der Weltpresse, auch wenn sie (etwa aus politischen Gründen) den deutschen Sieg verkleinerte, ließ sich zu solcher Verhöhnung hinreißen. Von den führenden Kreisen der Regierung bis zum letzten Zuschauer auf den Stehrängen hat sich das Saarland empört von dem Artikel distanziert.

Man sollte es nicht glauben, daß im Jubel um die grandiose Leistung der deutschen Nationalelf sich eine Stimme der Verärgerung an die Öffentlichkeit wagte und den stolzen Erfolg zu beschatten versuchte. Solches ist aber geschehen in der Ausgabe der Saarbrücker Sportwelt zwischen Vorschlußrunde und Finalkampf. Das Echo der mißtönenden Kritik war – zur Ehre der Saarbrücker – indessen vernichtend für den Autor, den leitenden Redakteur Fritz Winners. [...]

Was wurde nun Ungehöriges geschrieben? Da hieß es in sehr bestimmten Sätzen, daß das Endspiel nur noch ein ›lästiges Anhängsel‹ der Weltmeisterschaft sei, nachdem die wirklichen Finalisten Brasilien, Uruguay und England ausgeschieden sind, und die Ungarn nun in Deutschland einen schlechteren Partner als diese erhalte! Nach dem 6:1 gegen Österreich fürwahr starker Tobak [...]

Die Fehlrechnung und das grobe Versagen des ›Experten‹ Winners, der natürlich die Ungarn schon als sicheren Endsieger sah, ist nicht einmal das Schlimmste an seinen Ausführungen; noch mehr trifft den saarländischen Leser die feindliche Tendenz gegenüber dieser doch unvergleichlich großen Leistungssteigerung der deutschen Nationalmannschaft. Mit England und Brasilien könne sich Deutschland nicht vergleichen.

Zwar kannte man aus früheren Verunglimpfungen die Antipathie des Verfassers gegenüber Herberger und die Kaiserslauterner schon zum Überdruß, daß er sich aber so verrennen würde, traute man ihm doch nicht zu.

Er hat sich selbst unmöglich gemacht. Der Verlag verhängte Schreibverbot über ihn.«

Aus: Kicker, Nr. 28, 12. Juli 1954, S. 2.

»Glückauf, deutscher Bergmann!«

WIE DIE DDR AN DEUTSCHLAND SCHEITERTE

Alles hatte so gut angefangen. Am 4:1-Auftaktsieg der Westdeutschen – die geographische Präzisierung war nicht mehr als korrekt – gegen die Türkei war nichts auszusetzen. Auch die Deutschland-Fans, die zum Spiel nach Bern gekommen waren, erschienen den Ostorganen noch unverdächtig. »Tausende westdeutsche Schlachtenbummler feierten begeistert ihre Mannschaft«, strahlte das *Neue Deutschland*. Am gleichen Tag hatten »Ungarns Fußballkünstler« Südkorea mit 9:0 abgefertigt. Die deutschdemokratische Welt war also rundum in Ordnung. Denn angesichts beider Ergebnisse ließ sich locker vermeiden, mit dem politischen Regelwerk Ost aneinanderzugeraten. Dessen Vorgaben planzuerfüllen, war unter Umständen keine einfache Übung.

Erstens sollte die DDR gestärkt werden, zweitens wurde aber auch Einsatz für Deutschlands demokratische Einheit verlangt. Der Bauwens des Ostens, Heinz Schöbel, setzte die Norm während der Schweizer Weltmeisterschaft folgendermaßen: »... unsere Fußballer [müssen sich] in vorbildlicher Weise auf alle nationalen und internationalen Wettkämpfe vorbereiten, um zum Ruhme unserer Deutschen Demokratischen Republik neue Höchstleistungen zu erzielen. Darüber hinaus gilt es, das Gespräch mit unseren westdeutschen Sportfreunden, die sich in unserer Republik aufhalten, zu verstärken. Dadurch gewinnen wir sie für den gemeinsamen Kampf gegen Militarismus und Krieg, für die friedliche Wiedervereinigung unserer Heimat.« (*Die neue Fußball-Woche*)

Wider das Zeitgeschehen wurde die Einheit der Nation im Sommer 1954 besonders hochgehalten. Für Ostberliner Geschmack war das Projekt der Europäischen Verteidigungsgemeinschaft nämlich in das entscheidende Stadium eingetreten: endgültiger Übertritt der BRD ins imperialistische Lager, Spaltung Deutschlands und neuer Krieg drohten. »Den Weg der EVG gehen bedeutet, daß wahrscheinlich 1958 keine Fußball-Weltmeisterschaft ausgetragen werden könnte, weil Atom- und Wasserstoffbomben eines dritten Weltkrieges ihre furchtbaren Spuren in allen Erdteilen hinterlassen würden. Welcher Sportler wünscht solche Entwicklung?« fragte die *Fußball-Woche* und war sich der einzig möglichen Antwort auf die beschworene Apokalypse gewiß.

Die politischen Eckfahnen, zwischen denen sich das Weltmeisterschaftsgeschehen in der Schweiz abspielen sollte, waren also gesteckt. Doch vor Ort herrschten erschwerte Bedingungen. Schließlich lief dort nicht die DDR, sondern eine westdeutsche Elf auf, die den Bonner Alleinvertretungsanspruch faktisch durchgesetzt hatte: Nicht nur in der Bundesrepublik, auch östlich der Elbe war die Herberger-Elf einfach Deutschland.

Unter diesen Umständen fiel es wahrlich nicht leicht, DDR-Pathos und deutsche Einheit in einem präsentablen Gleichgewicht zu halten. Und zu allem Überfluß war die ungarische Mannschaft mit im Spiel und würde auf die labile Konstruktion einwirken – so oder so. Die Magyaren repräsentierten beim Schweizer Turnier das Friedenslager – Jugoslawien kam dafür schon länger nicht mehr in Frage. Im besten Fall konnte Ungarns Elf volksdemokratische Überlegenheit demonstrieren und dem östlichen Deutschland stellvertretend zum Sieg über das westliche Pendant verhelfen. Die Chancen dafür standen gut. Die Mannschaft um den spielführenden Major Puskas zählte zu den absoluten Top-Favoriten. Viereinhalb Jahre ohne Länderspielniederlage, ein fußballgeschichtsmächtiges, weil den englischen Heimnimbus zerstörendes 6:3 in Wembley und ein 7:1 beim Rückspiel in Budapest konnten sich sehen lassen und gaben ostseits zu Optimismus Anlaß.

Daß alles gut ausgehen würde, durfte das volksdemokratische Lager hoffen. Weil es sich aber um Fußball handelte, waren Schwierigkeiten im magischen Dreieck – deutsche Einheit hier, ungarische Brüder dort, die DDR mittendrin – leider nicht komplett auszuschließen. Die ostdeutschen Münzenberg-Nachfolger werden sich dessen zu Beginn der Weltmeisterschaft noch bewußt gewesen sein. Schließlich hatte die Gruppeneinteilung ein westdeutsch-ungarisches Rencontre ergeben. Aber alle heimlichen Sorgen schienen fehl am Platz.

Am zweiten Weltmeisterschaftsspieltag deklassierten die Ungarn ihre deutschen Kontrahenten mit 8:3, und als in Basel der englische Schiedsrichter Ling das Match abpfiff, werden Ostberliner Kader über ein Ergebnis frohlockt haben, daß auch in der Höhe kaum schöner hätte ausfallen können. So ein Tag: »Fußball in Reinkultur, Fußball ohne Schema, Fußball mit allen nur denkbaren Varianten, Fußball als eine Kunst«, schwärmte die *Fußball-Woche*.

Das Resultat paßte prima ins Weltbild, und acht Gegentreffer nebst der West-Kritik an Herbergers B-Equipe sorgten für zusätzliche Erleichterung. Ob dieser glücklichen Fügung sparte sich das SED-Zentralorgan eine eigene Meinung. Die Nachkommentierung der Partie überließ man »westlichen Pressestimmen«, die – Freispiel! – national aufgebessert wurden: »Von unserer Seite ist dem nur noch hinzuzufügen, daß eine gesamtdeutsche Mannschaft mit einem Busch (Chemie Leipzig) im Tor, einem Eilitz (ZSK Vorwärts) in der Verteidigung und einem Jochen Müller (Turbine Erfurt) in der Läuferreihe zweifellos ein stärkeres Kollektiv für eine deutsche Nationalmannschaft bedeuten würde ...« Der nationalen Offensive des *Neuen Deutschland* ging allerdings bald die Puste aus. Blieb die Forderung, sich gesamtdeutsch abzufinden: »... gegen Ungarns Fußballkünstler, die von ihrem Arbeiter- und Bauernstaat alle Voraussetzungen erhalten, um hohe Leistungen zu bringen«, hätte eine DDR-deutsch angereicherte

Vertretung letztlich auch nur die Niederlage »erträglicher gestaltet«.

Das Gefühl, daß auf die vorwärts drängende Geschichte in vielen Bereichen einfach Verlaß sei, beeinträchtigte die volksdemokratische Wachsamkeit. Kurzzeitig geriet der klassenkämpferische Auftrag aus dem Sinn. Das blieb nicht unbemerkt, weshalb sich nach drei Tagen friedfertiger Besinnlichkeit, die dem ungarischen Kantersieg über Westdeutschland gefolgt waren, die Tonlage über Nacht änderte.

Das Foul des deutschen Vorstoppers Liebrich am ungarischen Kapitän hatte die *Fußball-Woche* in einer ersten Reaktion zwar als grobe Unsportlichkeit gewertet, war aber zuversichtlich geblieben: »Sein Fehlen würde jedenfalls, das darf man getrost sagen, keine wesentliche Verschlechterung für das eingespielte Kollektiv bedeuten.« Das war wenig später mehr als falsch. Jetzt wurde die Attacke zum Gegenstand einer politisch gefestigten Betrachtung. »Warum foulte Liebrich den ungarischen Spieler Ferenc Puskas?« fragte das *Neue Deutschland* – und von Stund an machte der Lauterer, parallel zu den Erfolgen der westdeutschen Mannschaft, im Osten Karriere.

Liebrich wurde fortan als Werkzeug jener identifiziert, »denen Ungarns Vormachtstellung im Fußball ein stechender Dorn im Auge ist« (*Fußball-Woche*). Er verkörperte die »Verfallserscheinungen im kapitalistischen Sport«, freilich weniger als Westdeutscher denn als eine Art Wahl-Amerikaner. Dort nämlich lag die Wurzel allen Übels, fand doch Liebrichs »Handlungsweise nur im amerikanischen Catchersport ihresgleichen«. Demgegenüber galt die westdeutsche Elf in toto vorerst als unbelastet. Symptomträger Liebrich reichte völlig, denn es handelte sich um ein zu grundsätzliches Problem, als daß zehn weitere Fußballer dafür ernsthaft hätten verantwortlich gemacht werden können.

Das eigentlich Bedenkliche, so die (Ost-) *Berliner Zeitung,* sei »die systematische Entfesselung niedriger

Instinkte durch die Amerikanisierung des Sports in den westlichen Ländern, die von gewisser Seite allzu gern bis zum Chauvinismus geschürt werden möchte«. Die Leser waren also mit den Eigenarten des amerikanischen Fußballspiels bekannt zu machen, und weil dies eine politische Lehrstunde zu werden versprach, durfte sie auf Seite 1 stattfinden: »Ein Hüne an Gestalt, durch dicke Polster überdimensional wirkende Schultern, den Kopf mit einem Helm bedeckt, dessen Größe von der niedrigen Stirn auch nicht mehr das Geringste erkennen läßt – das ist der Prototyp eines amerikanischen Football-Spielers. Wehe, wenn er losgelassen ... Prähistorisch dann sein Gebrüll, ein vorsintflutlicher Amokläufer auf dem Sportplatz. Unablässig ist er darum bemüht, die Körperteile seines Gegners einzeln auseinanderzunehmen, wenn der in Besitz des Streitobjekts, einer eirunden Lederkugel, ist. So prallen schließlich die Kontrahenten aufeinander, und das Krachen der sich unsanft berührenden Knochen wird nur vom Gebrüll der Zuschauer übertönt.«

Die Deutschen Ost und ihre westlichen Brüder hatten sich noch nicht so weit auseinandergelebt, als daß ein Gleichschritt in Sachen Anti-Amerikanismus nicht herstellbar gewesen wäre. In der DDR hielt man den American Football für ein besonders eindrucksvolles Beispiel, anhand dessen »die amerikanische Unkultur« (*Neues Deutschland*) nebst ihrer diversen Begleiterscheinungen anschaulich wurde; dem *Spiegel* war derart kostengünstige Kulturkritik gar eine Titelgeschichte wert (»Gewalt geht vor Gehirn«). Im Anschluß an die einführende Schilderung eines Spielausschnitts wurde das ob der Darstellung vermutlich verwirrte Publikum aufgeklärt: »Die Szene spielt nicht im Hinterhof einer Klapsmühle, wo die schweren Fälle einen selbsterfundenen Ausgleichssport praktizieren.« Nach den Beobachtungen der Hamburger Kollegen verfügten die »Coca-Cola-Nibelungen« zumeist über den »Körperbau eines Preisbullen« und die »Vorderansicht eines T 34«. – Der Antihitlerkoalition war damit der Rest gegeben.

Daß das »Kollektiv aus der Pußta« (*Junge Welt*) im Finale gegen die Westdeutschen überhaupt verlieren könnte, darauf waren die ostdeutschen Schreibstuben nicht vorbereitet. Zwar tauchte im *Neuen Deutschland* die Frage auf: »Schlug Liebrich in der Absicht dazwischen, die Mannschaft der Ungarischen Volksrepublik um den Weltmeistertitel zu bringen?« Und auch der lyrische Aussetzer des Zentralorgans ganze 48 Stunden vor dem Endspiel-Anpfiff in Bern wirkte irritierend: »Soll man sich davor hüten, vagen Vermutungen nachzuhängen! Sie haben ... die Eigenschaft, oft gleich schillernden Seifenblasen überraschend zu verfliegen und bittere Enttäuschung zurückzulassen ...« Im großen und ganzen aber herrschte historische Zuversicht, die ansprechend zu verpacken man sich alle Mühe gab. »Wir jedenfalls«, schrieb das *Neue Deutschland*, »wünschen den elf westdeutschen Spielern alles Gute, hoffen, daß sie mit klarem Kopf in dieses Spiel gehen und wünschen ihnen von Herzen Erfolg. Wir wünschen aber ebenso den ungarischen Freunden nach ihrer unvergleichlichen Pechsträhne vollen Erfolg, wünschen kurzum, daß der Bessere gewinnen soll ...« Ein »Triumph der internationalen Sportfreundschaft«, so das Traumergebnis des Zentralorgans, »hätte dann den Vorteil, nicht nur die beste Mannschaft als neuen Weltmeister, sondern auch die Chauvinisten als klar Geschlagene zu sehen.« Da man allerdings nach dem 6:1-Halbfinalsieg über Österreich im Westen Deutschlands sowohl »die Trommel« gehört wie gesehen hatte, daß »von deren Rückseite das noch längst nicht verblichene Hakenkreuz schimmert«, fielen Rückschlüsse auf den wahren Wunschzettel der Genossen nicht allzu schwer.

Doch blieb der Ton verhalten. Tatsächlich war das Bemühen unverkennbar, die erwartungsfrohe Stimmung, die längst auf den Osten übergegriffen hatte, nicht weiter anzuheizen. Selbst ansonsten zuverlässige Kreise hatten sich mittlerweile als Fans zu erkennen gegeben. Die *Berliner Zeitung* wollte sich nach dem deutschen Vorschlußrundensieg kaum einkriegen und lieferte im Titel Ost-Enthusiasmus pur: »Das Finale: Westdeutschland-Ungarn!/Westdeutsche Elf deklassierte Österreich 6:1/ Größte Leistung nach 1945/Eine Sensation«. Das *Neue Deutschland* steuerte gegen, versuchte es bis zur letzten Minute mit kämpferischer Normalität. »Glückauf, deutscher Bergmann!« Mit diesem Beitrag – Autor: »Held der Arbeit Fritz Selbmann, Minister für Schwerindustrie« – machte das Zentralorgan am Finalsonntag auf. Den wesentlich populäreren Helden des Balles blieben ein paar Zeilen ganz weit hinten im Blatt aufgespart.

Dem Berner Endergebnis entging das *Neue Deutschland* dank seiner Erscheinungsweise. Montags beschränkte man sich nämlich darauf, dem geteilt-ungeteilten Berlin das Weltgeschehen unter dem Zeitungskopf des *Vorwärts* einzuordnen, und diesem oblag am 5. Juli die undankbare Aufgabe, den westdeutschen Finalsieg in der Schweiz zu melden. Mit dem wahrhaft euphorischen Titel »Die 90 Minuten im Berner Wankdorf-Stadion« tauchte der Bericht nicht früher als auf Seite 7 auf. Zunächst wurden die deutschen Schlachtenbummler zum Anlaß genommen, Grundsätzliches an den Mann zu bringen – daß das 3:2 rein gar nichts geändert habe: »Ein Teil der westdeutschen Zuschauer, die sich einen 14tägigen Urlaub in den Schweizer Hotels leisten konnten, gröhlte am Schluß das Deutschlandlied. Sie sind sicher zu borniert, als daß sie begreifen könnten, daß dieser Ball, der in der 82.Minute [!] hinter Grosicz in den Maschen landete, weder eine Welt einstürzen läßt, noch die Situation des westdeutschen Imperialismus verbessert.« – Zumindest Teilidentisches konnte man auch im Westen finden. In der *Zeit* beklagte Friedrich Sieburg selbstverständlich aus anderen Gründen ein »schreckliches Mißverständnis« der öffentlichen Meinung: »als ob die Meisterleistung einer

Fußballmannschaft, an der das ›deutsche Volk‹ als Gesamtheit nicht im geringsten beteiligt war, geschichtliche Erfahrungen außer Kraft setzen könnte! Daß hier ›bestes Deutschtum im Ausland‹ triumphiert habe, ist grober Unfug. Gesiegt hat bestes Fußballtum und sonst nichts. Dieser Sporterfolg hat keinen Stein auf dem politischen Felde verrückt – und auf dem moralischen erst recht nicht!«

Den Ausgang des Finales tiefer zu hängen, eventuell sogar in schönster Übereinstimmung mit dem Westen darauf zu verweisen, daß alles ja nur ein Spiel gewesen sei, und ansonsten darauf zu hoffen, daß sich der Enthusiasmus der Ostdeutschen schnell geben werde – dazu konnte sich der *Vorwärts* nicht entschließen. Das Desaster nahm seinen Lauf.

Jetzt mußten nämlich Gründe für die ungarische Niederlage her, und die fanden sich: »Wer das große Glück hatte, die Spiele, durch die sich die Ungarn ins Finale kämpften, mit eigenen Augen zu sehen, kann kein anderes Urteil fällen: Die westdeutsche Elf darf sich bei ihren Schrittmachern bedanken.« Von den Brasilianern, Ungarns Gegner im Viertelfinale, abgesehen, deren überharte Gangart *Bild* unter der Schlagzeile »Der Urwald war los« vermeldete, war das vor allem einer – Liebrich. »Die ganze Tragweite des gemeinen Fouls, das Liebrich vor vierzehn Tagen an Puskas beging, brachte erst das Endspiel an das Tageslicht.« Der deutsche Vorstopper wurde zum Vollstrecker jener, denen es bei der Weltmeisterschaft von Anfang an nur darauf angekommen sei, »den Siegeszug der Amateure aus der Ungarischen Volksrepublik zu stoppen, weil diese Elf aus dem Lager des Friedens kommt«.

Liebrich gegen Ungarn *und* gegen Westdeutschland – so lautete für den *Vorwärts* die eigentliche Finalpaarung, die der Lauterer klar für sich entschied: »Zehn [!] westdeutsche Spieler sahen nicht hinter die Kulissen. Sie verstanden auch nicht, daß Liebrichs bewußtes Foul die Umstände schuf, die ihnen die höchste Trophäe, die der Fußballsport zu vergeben hat, einbrachte.«

»So ist es kein frohstimmender Sieg, zu dem man ihnen die Hände schütteln könnte«, schloß der *Vorwärts* – und stand damit ganz allein auf weiter Flur. Nie war man in der DDR von einer einheitlichen Sprachregelung weiter entfernt. Das *Deutsche Sportecho*, ebenfalls Zentralorgan (der »Demokratischen Sportbewegung« nämlich), meldete aus Bern »Klassefußball in Vollendung« und versöhnliche Worte von Ferenc Puskas an die Adresse Liebrichs. Selbst die Parteijugend war nicht auf Linie, sondern vorbehaltlos begeistert: »Ein großartiger Erfolg des westdeutschen Fußballsports, ja, man kann ihn als den größten deutschen [!] Erfolg in der Geschichte des Fußballsports überhaupt bezeichnen«, jubelte die *Junge Welt*. Und die *Fußball-Woche* hatte einen »Endkampf von Extraklasse« gesehen.

Die *Berliner Zeitung* legte sich gar mit dem *Vorwärts* an, auch wenn das keiner zugab. Unter dem Titel »Im Berner Endspiel sich selbst übertroffen« wurde »besonders aber Stopper Liebrich« ausgezeichnet, den Westdeutschen ein verdienter Sieg attestiert und die billige Masche gerügt, »nach der Beendigung der Weltmeisterschaft ein Haar in der Suppe, d.h. im Austragungsmodus, zu suchen«. Völlig unverkrampfter Schlußpunkt: »Unseren Glückwunsch ... der Elf aus dem Westen unserer Heimat.«

In Westdeutschland erkämpfte sich der Fußball im Verlauf des Turniers den Zugang zu den Titelseiten der Zeitungen. Am 5. Juli gelang dann überall der Durchbruch, und nach ein, zwei Tagen wanderten die Weltmeister auf die Sportseiten zurück. Beim *Neuen Deutschland* respektive *Vorwärts* verlief die Bewegung umgekehrt. Nicht der sensationelle Spielausgang gelangte auf die erste Seite, sondern tags darauf ein Beitrag mit dem elektrisierenden Titel »Noch einmal zur Fußball-Weltmeisterschaft« – ein untrügliches Indiz dafür, daß das Finale von Bern aus Sicht der Einheitspartei im nachhinein immense politische Bedeutung bekommen hatte. Daß eine stattliche Zahl von DDR-Bürgern den westdeutschen Sieg wie ihren eigenen feierte, wird dazu beigetragen haben, vor allem aber, daß in Ostberliner Großbetrieben auf Initiative der Betriebssportgruppen Resolutionen gegen die abfällige Endspielberichterstattung verabschiedet wurden, wie eine *dpa*-Meldung wissen wollte.

Die Notbilanz vom Montag – »So fällt mehr als ein Schatten auf den Ausklang des Finales« – hatten die DDR-Deutschen offenbar in beträchtlicher Zahl dementiert. Den deutschen Sieg weiter nach Kräften mieszumachen, schien nicht ratsam – ein neuer Ansatz mußte her. Von einem Tag auf den nächsten hatte Buhmann Liebrich ausgedient. Und nicht nur das. Die Sektion Fußball der Deutschen Demokratischen Republik gratulierte »auf das herzlichste« der »westdeutschen Fußballdelegation zur Weltmeisterschaft 1954«. Das *Neue Deutschland* dokumentierte die Glückwünsche auf Seite 6, während auf Seite 1 die Empfehlung erging, sich »Gratulanten« sorgfältig anzusehen und auf »verdächtige Namen« zu achten.

Jetzt hatte der Wind gedreht. Der Gewinn der Weltmeisterschaft galt dem *Neuen Deutschland* nun als rein sportlicher Sieg, der vor mißbräuchlicher, also politischer Nutzung zu schützen war. Folglich sorgte man sich um die drohende Enteignung der Weltmeisterelf, wozu es übermäßiger Vorstellungskraft nicht bedurfte; Munition wurde aus dem Münchner Löwenbräukeller frei Haus geliefert. »Da wird dieser knappe Fußballsieg zu einem Triumph ›deutschen Wesens‹ gestempelt. An diesem ›deutschen Wesen‹ sollte bekanntlich schon mehr als einmal die Welt ›genesen‹. Man muß also mit feinem Ohr unterscheiden zwischen ehrlicher Freude über einen sportlichen Erfolg und den Tiraden von Leuten, die in dieser Stunde ihr Herz für den Sport entdecken, weil sie glauben, daß dieser Sieg das rechte wäre, um die ›Deutschland, Deutschland über alles‹-Platte jetzt mit Fortissimo spielen zu können.«

Die Welt war wieder im Lot, jedenfalls in der Hauptstadt. In der Provinz allerdings zog sich der Streit auf niedrigerem

Niveau um so länger hin. Den Berliner Vorgaben vermochte so schnell keiner zu folgen, und selbst vergleichsweise hohe Anpassungsgeschwindigkeit konnte sich angesichts wechselnder Einschätzungen als Handikap erweisen. Als das *Neue Deutschland* die Signale schon längst gewechselt hatte, publizierte die *Schweriner Volkszeitung*, Organ der dortigen SED-Kreisleitung, eine in Treue fest der vormaligen Linie verbundene Kritik an ihrem Endspielbericht. Den rügte ein Sammel-Leserbrief als »nicht objektiv« und dazu angetan, »die glanzvollen Leistungen der ungarischen Mannschaft zu schmälern und herabzusetzen«. Moskau war zwischenzeitlich abgelöst – nicht mehr am Verhältnis zur Sowjetunion entschied sich, auf welcher Seite einer stand, sondern an der Einstellung zum volksdemokratisch-ungarischen Spielvermögen: »Wenn man leugnet, daß die ungarische Nationalelf die beste der Welt ist, hilft man nur jenen Drahtziehern der Revanchepolitik ...« Der gesamtdeutsche Anstrich wollte dazu so recht nicht mehr passen: »Nach der Darlegung dieser Tatsachen sprechen wir unseren innigen Wunsch aus, daß wir mit einer gesamtdeutschen Nationalmannschaft in einem einigen demokratischen Deutschland an der nächsten Weltmeisterschaft teilnehmen können.« Glauben tat das kaum einer.

Schon fatal: Da war urplötzlich die ersehnte gesamtdeutsche Massenbewegung in einem selbst kühne Phantasien beschämenden Ausmaß Wirklichkeit geworden – und in Ostberlin wollte keiner mehr hinsehen. Von Freudenfeiern im deutschdemokratischen Teil erfuhr man in der Presse so gut wie nichts. Ohnehin war klar, daß die westlichen »›unpolitischen‹ Sportler... keine Bindung mit den Massen« besaßen, wie u.a. die Schweriner *Landes-Zeitung* in sehr grundsätzlichen Erwägungen bekanntgab (»Wir formen den Typ des Sportlers einer neuen Zeit«). Hinweise, daß der WM-Titel auch die DDR-Deutschen in Stimmung versetzte, waren homöopathisch dosiert. Wer aufmerksam suchte, konnte immerhin zwei Wochen nach Bern im *Deut-*

schen Sport-Echo annähernd Hochverräterisches lesen: »Die Begeisterung und Anteilnahme der Menschen im Osten und Westen [!] unseres Vaterlandes kannte ob dieses Sieges keine Grenzen [!]«, hieß es fast beiläufig.

Auch Berichte von den zahlreichen Westempfängen der Weltmeisterelf waren eine Seltenheit, selbst in der Version der *Berliner Zeitung*, die die »Stürme der Begeisterung« etwa in München politisch korrekt ausdeutete: »Immer wieder stand der Gedanke im Vordergrund, daß dieser friedliche Wettstreit in der Schweiz einen bedeutenden Teil zur Festigung der Freundschaft unter den Völkern beigetragen hat.« Nun ja ...

Ostberlin verdächtigte das regierungsamtliche Bonn, im Glanze der Weltmeister baden zu wollen. Weil sich die westdeutsche Politik dabei jedoch mehr als dilletantisch anstellte, herrschte akute Indiziennot. Wahrscheinlich verdankt sich diesem Umstand die Überlieferung eines Statements aus dem Munde des Torjägers Maxl Morlock, das im *Deutschen Sportecho* – mit an Sicherheit grenzender Wahrscheinlichkeit gänzlich unredigiert – abgedruckt wurde: »Wir stehen jetzt eben im Brennpunkt des Interesses, das haben wir schon gemerkt«, so der Weltmeister aus Nürnberg. »Morgen müssen wir nach Frankfurt und dann weiter nach Berlin, wo uns der Heuss das Lorbeerblatt überreichen will, und am Montag werden wir von dem Dingsda in Bonn empfangen. Na, von dem Dingsda, dem Innenminister. Ich weiß auch nicht, wie der heißt. Die haben nämlich jetzt auch gemerkt, daß wir populär sind.«

Ostberlin mangelte es vor allem an einem: Souveränität. Am Ende der Weltmeisterschaft waren alle tragenden politischen Teile beschädigt – der eigene Staat und die Deutschland-einig-Vaterland-Politik. Man hatte deutlicher verloren, als es das 2:3 auf den ersten Blick glauben machte. Das vernichtende Gesamturteil verkündete ein *Spiegel*-Leserbrief aus der Zone: »Das Spiel unserer Fußballmannschaft und das Singen der Nationalhymne, das man trotz

Störungen im Osten überall hören konnte, hat mehr den Glauben an eine Wiedervereinigung gestärkt als jede Rede irgend eines Politikers.«

Die DDR hatte keine Chance – und vergab sie. Wie anders die Ausbeute der BRD!

Elfmeterschießen

»Die Schatten der Nachkriegszeit überwunden«

DIE GRÜNDUNG DER BUNDESREPUBLIK IM WANKDORF-STADION ZU BERN

»Wir haben diese Chance, die vielleicht so selten ist, wie eine totale Sonnenfinsternis«, stimmte der *Tagesspiegel* seine Leserschaft am Morgen des 4. Juli 1954 auf das Finale ein. Der unermeßliche Jubel nach dem 3:2 ging natürlich auch auf die Außenseiterrolle Deutschlands zurück. Als »Zwerge bei einer Soiree von Riesen« waren dem *Rheinischen Merkur* die deutschen Fußballer zu Anfang des Weltturniers vorgekommen. Der unaufhaltsame Aufstieg eines Außenseiters plus Dramatik plus Happy End – das konnte nicht alles gewesen sein.

Was die Weltmeisterschaft 1954 zu einem zeitgeschichtlichen Ereignis machte, war nicht die Tatsache, ein Fußballturnier gewonnen zu haben, sondern die Deutung dieses Sieges. Mitunter verblaßte selbst die Urheberschaft vor der kommentierenden Darstellung der Tat. »Während die Stimme des Rundfunksprechers sich vor Begeisterung überschlug, saß ich still in meinem Sessel. Langsam kullerten mir die Tränen die Backen herunter. Ich schämte mich nicht. So war das also gewesen! So dramatisch! So großartig! So überwältigend! Und ich hatte dabeisein dürfen!« (*Rahn*) – Wochen nach Bern hatte der Schütze des alles entscheidenden Tores erstmals die Radioreportage gehört.

Was bedeutete der Sieg von Bern denjenigen, die ihn und die dazugehörigen Helden so ausgelassen feierten? Was war der Weltmeistertitel eigentlich wert? Die Zeitgenossen stellten die Frage zwar, zeigten sich bei ihrer Beantwortung aber zumeist hoffnungslos überfordert. »Nach Tagen erst werden wir beim Nachdenken uns eigentlich erst in vollem Maße bewußt, was die siegreiche Mannschaft damit ihrem

Vaterland geleistet hat«, begann es vielversprechend in der *Rheinpfalz*, um dann doch beim unerklärlichen »Wunder von Bern« zu enden.

Hier wie überall erleichtert zunehmende Distanz die Urteilsbildung. Das 3:2 wollte einfach nicht verblassen. Selbst in der Erinnerung derjenigen, die Bern auch nur halbwegs bewußt miterlebt hatten, stach der Sieg zeitgleiche politische Schlüsselereignisse locker aus. Schon zum Silberjubiläum 1979 kam man der Wahrheit fraglos ganz nahe: »... muß dieser Fußballsieg vom 4. Juli 1954 als weder von der Zeit noch der Vergeßlichkeit tilgbares Wegzeichen für eine Gesellschaft im sechsten Jahr des Bestehens ihrer neuen Republik betrachtet werden?« sinnierte die *Köln–Bonner Rundschau*. Das genau muß er.

Die Probleme, den Weltmeistertitel richtig einzuordnen, kamen nicht von ungefähr. Formulierungsschwierigkeiten gingen vor allem auf das Berührungsverbot in Richtung Politik zurück. Bei Beachtung dieses Tabus blieb nur, markante sportliche Daten zum Vergleich anzubieten – Bern als Spitzenreiter vor der Olympiade 1936 und dem legendären Boxsieg Max Schmelings gegen Joe Louis aus dem gleichen Jahr –, wobei dann auch der letzte merkte, daß die Dimensionen so nicht stimmen konnten. Es ging um mehr als Platz 1 einer Aufmerksamkeitstabelle.

Für Fritz Walter waren die Dinge klar geschieden: »Wir sind Fußballer und nichts anderes.« (*Rote Jäger*) Das war eine der Lehren aus jener Zeit, die im DFB-Jahrbuch nur als Intervall, als »nazistisches Zwischenreich« firmierte. Doch bei aller Abneigung gegen höherstufige Deutungsinitiativen – alle Beteuerungen, die Politik außen vor lassen zu wollen, ändern nichts an dem einfachen Faktum, daß sich Kicker-Leistungen kaum auf das rein Fußballerische verkürzen lassen. Den Ball führen nicht allein die Akteure auf dem Rasen.

Für eine Weltmeisterschaft gelten zwei Grundsätze allemal: ein Spiel dauert in Wahrheit länger als 90 Minuten, und: Fußball ist mehr als Fußball. Warum sollte ausgerechnet das am 4. Juli 1954 geschehene »8. Weltwunder« (*Quick*) eine Ausnahme machen? Wenn Mannschaft auf Nation trifft, ist die Politik dabei. »Darum ist es ziemlich müßig, immer wieder die Reinheit des Sports gegen die Beschmutzung durch die Politik verteidigen zu wollen. Nicht Sport und Politik sind voneinander zu trennen, sondern gute Politik sollte von schlechter Politik unterschieden werden ...«, plädierte Dolf Sternberger.

Wer die Bedeutung des 3:2 ermessen will, muß beim Selbstwertgefühl derer beginnen, die da unversehens zu Weltmeistern gemacht worden waren. Die Deutschen hatten in zwölf Jahren die Welt um ihr moralisches Gefüge und sich selbst um ihre Identität gebracht. Sie hatten einen Krieg angefangen und verloren, standen als Täter da, von denen alle wußten, daß sie Verbrechen in einem Ausmaß begangen oder geduldet hatten, das zuvor niemand für möglich hielt. Zwar gab es, im Westen, alsbald die »Gnade des Nullpunktes« (*Die Gegenwart*), die Offerte eines politischen und gesellschaftlichen Neuanfangs, doch die beruhte auf der Kenntnis der Vergangenheit und bedeutete nicht die Entlassung aus der Verantwortung. Bezugspunkte, Orientierungswissen, Werte – fast alles war verlorengegangen. Eine Nation, die sich als Gemeinschaft schuldig gemacht hatte und als solche zur Verantwortung gezogen wurde, stürzte sich auf den Wiederaufbau, arbeitete noch verbissener als zuvor und versuchte auf diese Weise, ein Stück Normalität wiederzugewinnen. Und dann fiel das 3:2.

»Grosits *am Boden*! Helmut *am Boden*! Mehrere Abwehrspieler *am Boden*! Das war die Sekunde, in der Rahn das Tor seiner Tore schoß, die Sekunde, in der es Herberger von seiner Bank *hochriß*. Die Sekunde, die die Ungarn wie ein Blitz traf, in der die Entscheidung fiel, in der Fußball-Deutschland in eine nie erlebte, unvergeßliche *Ekstase* geriet.« (*Der Chef*) Wieviel steckte in einer einzigen Szene!

Bern verdeutlichte auf einen Schlag, wie unglaublich steil und schnell es aufwärts gegangen war. Keiner wäre auf die Idee gekommen, den Titelgewinn 1954 mit dem dritten Platz bei der Weltmeisterschaft 1934 oder dem Desaster von 1938 zu vergleichen. Der alleinige Meßpunkt, ausgesprochen oder nicht, hieß Mai 1945: »Erinnern wir uns an die Zeit vor neun Jahren: Ein großer Teil der deutschen Soldaten, die über fünf Jahre an vielen Fronten gekämpft hatten, brüteten in riesigen Kriegsgefangenenlagern darüber, welches ihre Zukunft sein würde. Auf Kohlenzügen, Lastwagen und mit anderen abenteuerlichen Mitteln begann die deutsche Bevölkerung von den Plätzen, an denen sie das Ende des Krieges getroffen hatte, in ihre Heimat zurückzukehren, in eine Heimat, in der die Straßen von Trümmerschutt gefüllt und die Wohnstätten zerstört waren, in der Hunger und Arbeitslosigkeit den Blick in die Zukunft verdüsterten. Neun Jahre später ist dieses geschundene, gedemütigte und in der Welt verachtete deutsche Volk wieder in der Lage, an großen internationalen Sportwettbewerben teilzunehmen – und zu siegen.« – So der Endspiel-Kommentar des Bonner *General-Anzeigers*.

Die Polit-Asketen gerieten bei so klarer Sicht auf 1945 in existentielle Not. Nachzulesen war dies unter anderem im eiertanzenden *Fortschritt*: »Gewiß, unsere Anstrengungen im internationalen Sport sind auch Ausdruck des deutschen Selbstbehauptungswillens. Aber sie bewegen sich auf einem Gebiet, das frei bleiben soll von jeder Politik. [...] Völkerschicksale entscheiden sich nicht auf Sportplätzen. Trotzdem: Da der Sport nun einmal jede andere Institution des öffentlichen Lebens an Volkstümlichkeit haushoch überragt, sind Erfolge auf diesem Gebiet auch ein gewaltiger Zuwachs an nationalem Ansehen. Darum haben unsere Fußballer in Bern und die Konstrukteure und Rennfahrer von Mercedes-Benz eine Leistung vollbracht, die uns mit der Zuversicht erfüllt, daß wir Deutschen im friedlichen Wettbewerb der Nationen die Schatten der Nachkriegszeit überwunden haben und daß wir im Sinne jenes Ideals, dem einst die klassischen Athleten in Olympia huldigten, wieder ›da sind‹.«

Für die allermeisten bedeutete dies nicht den Einstieg in eine neue Hemmungslosigkeit, eher den Übergang zu einer sehr streng kontrollierten Offensive. Ständig ergingen Aufrufe, im Erfolg bescheiden zu bleiben. Triumphalistisch wurde es in aller Regel nicht: »Eines tun wir dennoch – und das darf uns niemand übelnehmen: wir gehen etwas aufrechter, unsere Brust schwillt ein wenig vor Stolz.« (*Süddeutsche Zeitung*)

Zum großen Sprung nach vorn kam das Gefühl, daß der internationale Bann nun doch gebrochen sein mußte. Mit entsprechender Vorfreude registrierte man, daß während des Weltmeisterschaftsturniers und danach »der Name Deutschland in aller Munde war« *(Spiel)* – nicht als deutsche Schuld oder deutsche Frage, sondern mit Blick auf die sportliche, mithin unanstößige Leistungsfähigkeit. »Laßt uns den Rausch genießen, in vollen Zügen«, empfahl aus diesem Gefühl heraus der *Tagesspiegel*, »denn dieser Sieg ist es wert. Die Welt zieht den Hut vor Deutschland.«

Am Abend des 4. Juli 1954, von jetzt auf gleich, war ein neues Gemeinschaftsgefühl entstanden. Die zwar allesamt tüchtigen, wiewohl im Aufschwung auch autistischen Deutschen fielen einander reihenweise in die Arme. Das ganze deutsche Volk, wußte zwei Tage später die *Rheinische Post*, sei »von einer Gefühlswallung ergriffen, die als Siegesstimmung falsch gedeutet wäre, die aber der Ausdruck einer echten nationalen Solidarität ist. Diese Beobachtung (die jeder auch bei sich selbst anstellen mag) ist erstaunlich. Denn seit 1945 waren wir Deutsche solche Empfindungen nicht mehr gewöhnt.« Das 3:2 ließ die arbeitenden Deutschen einen Moment lang bilanzierend innehalten – und gemeinsam einen neuen Anfang feiern.

Aber schäumte das nagelneue Selbstbewußtsein nicht

gleich schon wieder über? Wurde nicht für Stunden, vielleicht auch für ein, zwei Tage eine Auszeit von der Vernunft genommen? Hatte man nicht bei erstbester Gelegenheit einmal mehr den Beweis angetreten, daß Normalstände an Selbstvertrauen in Deutschland nicht zu haben waren? Ganz oben oder ganz unten und nichts Akzeptables dazwischen? Bei der Beantwortung solcher Fragen hilft die Rückbesinnung auf den Gegenstand nationaler Ausgelassenheit: Gewiß, es ging nicht nur, aber immerhin auch um Fußball. Und dieser am Ende triviale Anlaß machte einen Unterschied ums ganze.

Die 54er Festtage dementierten historische Vorläufer eher als sie zu kopieren. »Einen solchen Jubel«, beobachtete die *Schweizer National-Zeitung*, »hat die lebende Generation in Deutschland noch nie erlebt. ›Siegesfeiern‹ gab es zwar schon viele, mehr als genug, es waren die organisierten, befohlenen Feiern nach den Blitzkriegen und Schlachten, aber sie waren zugleich auch die Trauerfeiern für die Toten, die diesen Siegen geopfert werden mußten. Die Trauer aber durfte niemand zeigen. Nur wer weiß, wie hier befreiende Begeisterung seit Jahrzehnten abgeschnürt wurde, kann verstehen, was sich in Deutschland seit dem vergangenen Sonntag ereignet hat, als der Schiedsrichter das Fußballfinale im Berner Wankdorfstadion abgepfiffen hat. Es war als lösten sich Ventile, als strömten urplötzlich längst verdrängte Kräfte nach außen.« Das beruhigende Fazit: »Daß man sich in Deutschland noch mehr von einem Spiel als von Militärmärschen begeistern lassen kann, ist eigentlich eine Offenbarung eines natürlichen, gesunden Kerns.«

In Deutschland wurde der fußballerische Erfolg hier und da sogar ausdrücklich als Zivilisierungs-Chance begriffen. Der Schütze des Siegtores von Bern sollte doch unter dem Münchner Siegestor plaziert werden, so ein bei der *Süddeutschen Zeitung* eingegangener Leser-Vorschlag, um »dem bitteren Wort Siegestor einen neuen Sinn zu geben«.

Und dem *Welt*-Chefreporter gelang ein letzter Abseitstreffer: »Die Deutschen haben das totalitäre Konzept etwas [!] verworfen.« Für anderes als Fußball galt: »Unser Bedarf ist gedeckt.« (*Wie wir Weltmeister wurden*)

Zweiter Einwurf. Waren denn nicht diese Anfänge eines neuen Selbstbewußtseins von vornherein nationalistisch durchwirkt? Da trat eben nicht nur ein Bauwens auf, auch andere fanden recht mühelos zur Sprache des tausendjährigen Reiches zurück. Gegenüber diesen Regressionen erwarb sich die verbreitete Politikverdrossenheit ihre Verdienste. Die antipolitische Mehrheitsstimmung, die einerseits dafür sorgte, daß die Identifikation mit der jungen bundesdeutschen Demokratie Mühe machte und auf sich warten ließ, blockierte andererseits auch einen ungehemmten nationalistischen Aufbruch. »Nationalismus und Politik [!] verbauen der sportlichen Kameradschaft den Weg« (*Rote Jäger*) – diese Spielführer-Überzeugung hätte eine solide Mehrheit in beiden deutschen Staaten unterschrieben. Das reichte nicht, um die Bauwens ihrer Ämter zu entheben, genügte aber, um von Anschlußexperimenten Abstand zu nehmen.

Die nationalen Verbeugungen, die vorkamen, bestanden zu einem Gutteil aus Routineübungen, was die Dankesrede von Fritz Walter beim Empfang der fünf Kaiserslauterer Weltmeister beispielhaft vorführt. »Wir fünf jedenfalls, wir sind dankbar, daß wir das Glück hatten, in einem solch einmaligen Kameradenkreis den Weltmeister für unser geliebtes Vaterland zu erringen«, teilte der Kapitän mit. Das war's dann auch, und Fritz Walter konnte zum eigentlichen übergehen. »Wenn Sie aber noch wissen wollen, warum wir überhaupt Weltmeister letztenendes geworden sind, dann möchte ich Ihnen dieses Geheimnis verraten und das Wunder von Bern erklären: es war nämlich so, daß wir unserem Chef eine besondere Überraschung und ein Geschenk machen wollten zu seinem hundertsten Länderspiel.« Keine Fahne im Herzen ...

Umgekehrt provozierten die manischen Versuche der Entpolitisierung ganzer Gesellschaftsbereiche Mißverständnisse – insbesondere dann, wenn auch gleich allen anderen die Nachahmung empfohlen wurde: »Es ist anzunehmen, daß das Ausland nun dem deutschen Wirtschaftswunder das deutsche Fußballwunder hinzufügen wird. Vom Wunder sprechen immer nur die anderen, wir selber nicht. Wir tun unser Bestes, in der Arbeit wie im Spiel. Man sollte da nicht von Wunder reden, sondern es als eine Leistung anerkennen. Zumal wir selber weit davon entfernt sind, aus diesen Erfolgen, wie schon einmal und wie allenthalben in den totalitären Staaten, politisches Kapital zu schlagen und es dem nationalen Selbstgefühl zuzuleiten.« (*Die Welt*) – Warum wurde noch das Naheliegendste, der Zugewinn an Selbstvertrauen, abgestritten, den zeitgleich Hunderttausende demonstrierten? Und wenn das alles mit Politik nichts zu tun hatte – wie durfte man dann erwarten, daß eine von Fußballersiegen inspirierte schlechte Politik auf den Widerstand einer besseren stoßen würde?

Und das Endergebnis? Von der deutschen Bank aus betrachtet: Wer hatte in Bern gewonnen, wer verloren?

Nur der Verlierer war eindeutig auszumachen: die DDR. Das Finale von Bern, wiewohl von seiten der Gewinner mit ausschließlich westdeutschem Personal bestritten, war ohne Zweifel ein gesamtdeutsches Spiel. DDR-Deutsche gratulierten »einer großen Mannschaft, die auch die unsere ist« (*FAZ*). Die Hoffnung allerdings, »daß in der Verschmelzung der Fußballbegeisterung West- und Mitteldeutschlands [!] ein Stück neues Einheitsbewußtsein geformt worden ist« (*Freie Presse*), trug nicht auf Dauer. Die Motive des Jubels waren in Ost und West von Anfang unterschiedlich gewesen: dort Ausdruck des Widerstands oder wohliger Schadenfreude, hier eigene Leistung und damit Teil einer beginnenden Erfolgsgeschichte. Die anhaltende Zweistaatlichkeit ließ in der DDR die Erinnerung an Bern verblassen, während sich der Weltmeistertitel im Westen nahtlos in eine zunehmend bundesrepublikanisch definierte Identität einfügte. Das hatte sich schon in dem vielerorts spürbaren regionalistischen Behauptungswillen angesichts des deutschen Sieges in Bern angedeutet. Besonders in der Pfalz lagen die Prioritäten von Anfang an anders; dort war »der Kampf um die Fußballweltmeisterschaft nicht nur [!] eine gesamtdeutsche, sondern auch weitgehend eine Kaiserslauterer Angelegenheit« (*Pfälzische Volkszeitung*).

Bleibt die Frage nach dem Sieger: Deutschland oder die Bundesrepublik? An der wenig herzlichen Verbundenheit der Westdeutschen mit ihrer Demokratie änderte sich nach Bern so schnell nichts. Zwar ergingen Aufforderungen, die Weltmeisterelf als »ein Stück Verkörperung des demokratischen Westdeutschland« zu sehen; wurde angeregt, darüber nachzudenken, »daß die demokratische Hälfte eines geteilten Deutschland sportliche Welterfolge einheimsen kann, die dem Dritten Reich mit seinen Reichssportführern versagt blieben« (*Freie Presse*). So gut dies gemeint war, mitreißend wirkte es offenbar nicht.

Das Wirtschaftswunder schuf die Voraussetzungen, um in Sachen Demokratie auf Zeit spielen zu können. Der sich mehrende Wohlstand begründete die Erwartung, daß sich die Akzeptanz der Bundesrepublik bei ihren Bürgerinnen und Bürgern nach und nach einstellen würde. Das 3:2 von Bern schaffte da zusätzlich Luft. Als Weltmeister wurden die Bundesdeutschen bestimmt nicht westlicher, aber der Schub an Zufriedenheit tat seine Wirkung, ohne daß man gleich die Augstein-Empfehlung in den Wind schlagen mußte: »Es gibt Pausen auch für die tüchtigsten Völker, man muß nicht immer im ersten Glied stehen.« Mit einer erfolgreichen Republik fiel die Aussöhnung jedenfalls leichter.

Zu Beginn der 50er Jahre sah Hannah Arendt den auf ganz Europa lastenden »Alpdruck eines physisch, moralisch und politisch ruinierten Deutschland«.[17] Das deutsche Volk wieder aufzurichten sei eine Aufgabe, deren Bewältigung allen zugute käme. Unter diesem Gesichtspunkt war der 4. Juli 1954 ein ausgesprochener Glücksfall – und nicht der einzige in der Frühgeschichte der Bundesrepublik. »Die trübsinnige Nachkriegsgeschichte Deutschlands«, so noch einmal Hannah Arendt, »ist keine Geschichte der verpaßten Chancen.« Den Vorteil des Nachgeborenen nutzend, läßt sich anfügen: Nicht die ungenutzten Gelegenheiten zählen, sondern die Chancenauswertung. Und die betrieb die Bundesrepublik im Stile eines Goalgetters, wie ihn die Welt noch nicht gesehen hatte – ganz dicht an 100 Prozent.

ANMERKUNGEN

1 Johannes Gross, Die Deutschen, Frankfurt/M. 1967.

2 Dolf Sternberger, Unter uns Weltmeistern gesagt ... Untersuchung einiger Reaktionen auf den Berner Fußballsieg, in: Die Gegenwart, 17.7.1954 (*Sternberger*). – Zur Zitierweise: Mehrfach zitierte Bücher oder Zeitschriftenaufsätze werden nur bei ihrer ersten Erwähnung mit vollständigen Angaben aufgeführt. Alle weiteren Erwähnungen erfolgen mit dem Namen des Autors oder dem Kurztitel. Vgl. auch das Literaturverzeichnis am Ende des Buches.

3 Udo Bruns/Rainer W. Campmann/Ferdinand Hanke, Fußball 1974 – Nebensache oder Heilige Kuh, in: Ludwig Harig/Dieter Kühn (Hrsg.), Netzer kam aus der Tiefe des Raumes. Notwendige Beiträge zur Fußballweltmeisterschaft, München 1974.

4 Deutscher Fußball-Bund (Hrsg.), Deutschland Weltmeister im Fußball 1954, Frankfurt/M. o.J. (*Deutschland Weltmeister*).

5 Norbert Seitz, Bananenrepublik und Gurkentruppe. Die nahtlose Übereinstimmung von Fußball und Politik 1954-1987, Frankfurt/M. 1987 (*Seitz*).

6 Erich Kuby, Das ist des Deutschen Vaterland. 70 Millionen in zwei Wartesälen, Hamburg 1959.

7 Alexander und Margarete Mitscherlich, Die Unfähigkeit zu trauern. Grundlagen kollektiven Verhaltens, München, Zürich [22]1991.

8 Fritz Walter, 3:2. Die Spiele zur Weltmeisterschaft, München 1954 (*3:2*).

9 Fritz Walter, Elf rote Jäger. Nationalspieler im Kriege, München 1959 (*Rote Jäger*).

10 Offizielles Erinnerungswerk Coupe Jules Rimet. Fußballweltmeisterschaft 1954. Deutsche Ausgabe. Protektorat Deutscher Fußball-Bund. Herausgegeben von Ger-

hard Bahr, Offenburg, Nürnberg 1954 (*Coupe Jules Rimet*).

11 Fritz Walter, Der Chef – Sepp Herberger, München 1964 (*Der Chef*).

12 Wie wir Weltmeister wurden. Kampf und Sieg der deutschen Fußball-Nationalelf. Eingeleitet von Sepp Herberger, mit Beiträgen von Kurt Brumme, Hans Jarke, Gerd Krämer, Josef Kirmaier, Heribert Meisel, Hanne Sobek und Herbert Zimmermann, Berlin 1954 (*Wie wir Weltmeister wurden*).

13 * * *, Das Spiel ihres Lebens. Deutsche Fußballer erkämpfen die Weltmeisterschaft, Göttingen o.J. (*Spiel*).

14 Hans-Peter Schwarz, Die Ära Adenauer 1949-1957, 1981.

15 Helmut Rahn, Mein Hobby: Tore schießen, München 1959 (*Rahn*).

16 Zit. n. Werner Bührer (Hrsg.), Die Adenauer-Ära. Die Bundesrepublik Deutschland 1949-1963, München 1993.

17 Hannah Arendt, Besuch in Deutschland (1950), Berlin 1993.

VOR DEM SPIEL = NACH DEM SPIEL

»Das waren Kerle.« (Sepp Herberger) – Dank an mehr als zehn MitspielerInnen für Ballschleppen, Dagegenhalten, Einsatz, Freisperren, Lange-Wege-Gehen, Maßflanken, mentale Motivation, Querschläger, Sonntagsschüsse, Steilvorlagen, weite Einwürfe, Zuckerpässe ... Ohne sie hätte es keine zweite Halbzeit gegeben.

ARTHUR HEINRICH
M.A., Jahrgang 1954, lebt in Bonn, arbeitet als Redakteur der *Blätter für deutsche und internationale Politik* und spielt bei *Abfahrt Poppelsdorf*. Herausgeber (zusammen mit Klaus Naumann) von *Alles Banane. Ausblicke auf das endgültige Deutschland* (Köln 1991) und Verfasser fachspezifischer Texte wie *Fußballdeutsche: Horst Heese, Helmut Kohl und die doppelte Staatsbürgerschaft.*